"十四五"职业教育国家规划教材

成本计算与管理
学习指导、习题与项目实训

（第三版）

CHENGBEN JISUAN YU GUANLI XUEXI ZHIDAO XITI YU XIANGMU SHIXUN

新准则 新税率

主　编　舒文存　谷小城

副主编　蔡成武　张智慧

参　编　李　玲　侯宝亮　许　芳

新形态
教材

本书另配：教学课件
　　　　　参考答案

中国教育出版传媒集团

高等教育出版社·北京

内容提要

本书是"十四五"职业教育国家规划教材。

本书是与《成本计算与管理》(第三版)配套编写的学习指导、习题与项目实训。全书结构与教材同步,即分为十二个项目,大部分项目包括学习指导、习题与项目实训三部分内容。学习指导是对每一个项目内容的概括;习题包括判断题、单项选择题、多项选择题、业务题和思考题;项目实训按照工作过程,以项目导向来设计实训内容,是对该项目内容的综合实训。为了方便教学,本书另配有习题与项目实训参考答案。

本书既可作为高等职业院校财务会计类专业学生用书,也可作为在职会计人员培训及企业管理人员的参考用书。

图书在版编目(CIP)数据

成本计算与管理学习指导、习题与项目实训 / 舒文存,谷小城主编. —3 版. —北京:高等教育出版社,2023.8

ISBN 978-7-04-059886-5

Ⅰ.①成… Ⅱ.①舒…②谷… Ⅲ.①成本计算–高等职业教育–教学参考资料②成本管理–高等职业教育–教学参考资料 Ⅳ.①F231.2②F275.3

中国国家版本馆 CIP 数据核字(2023)第 130478 号

| 策划编辑 | 毕颖娟 | 责任编辑 | 张文博　蒋　芬 | 封面设计 | 张文豪 | 责任印制 | 高忠富 |

出版发行	高等教育出版社	网　　址	http://www.hep.edu.cn
社　　址	北京市西城区德外大街 4 号		http://www.hep.com.cn
邮政编码	100120	网上订购	http://www.hepmall.com.cn
印　　刷	上海叶大印务发展有限公司		http://www.hepmall.com
开　　本	787mm×1092mm　1/16		http://www.hepmall.cn
印　　张	9.5	版　　次	2014 年 2 月第 1 版
字　　数	244 千字		2023 年 8 月第 3 版
购书热线	010 – 58581118	印　　次	2023 年 8 月第 1 次印刷
咨询电话	400 – 810 – 0598	定　　价	24.00 元

本书如有缺页、倒页、脱页等质量问题,请到所购图书销售部门联系调换

第三版前言

为了加强企业产品成本核算,保证产品成本信息真实、完整,促进企业和经济社会的可持续发展,根据《中华人民共和国会计法》《企业会计准则》等国家有关规定,财政部规定自2014年1月1日起在除金融保险业以外的大中型企业范围内施行《企业产品成本核算制度(试行)》,鼓励其他企业执行。随后在石油石化、钢铁等行业印发了相关的制度规定。企业产品成本核算制度是我国管理会计体系建设的一部分,有利于财政、会计服务经济社会发展,提升政府服务水平。

"成本计算与管理"课程是会计专业群课程体系中的一个重要组成部分,是会计专业群继"基础会计""财务会计"课程以后开设的一门专业课程。它是一门以制造业为主,与企业单位会计岗位紧密联系的课程,也是一门实践性、技术操作性较强的课程。学好"成本计算与管理"课程是学生走向社会、胜任会计岗位工作的看家本领之一。

为了贯彻落实党的二十大精神,着力推动高质量发展,大力推进降低实体经济企业成本的要求,同时满足会计类专业实训教学的需要,根据职业教育国家教学标准体系的要求,依据财政部颁布的《企业会计准则》以及《企业产品成本核算制度(试行)》,我们组织编写了《成本计算与管理学习指导、习题与项目实训》(第三版)。全书包括以下三部分:学习指导、习题和项目实训。学习指导是对每一个项目内容的概括;习题包括判断题、单项选择题、多项选择题、业务题和思考题;项目实训是对该项目内容的综合实训。内容上和《成本计算与管理》(第三版)主教材保持一致,也包括成本计算认知、生产费用的核算、生产费用在完工产品与在产品之间的分配、产品成本计算方法的应用、成本报表编制与分析、成本控制等。

本套教材具有以下特点:

1. 课程思政,立德树人

培养德智体美劳全面发展的社会主义建设者和接班人,注重学生世界观、人生观和价值观的塑造,加强学生职业素养的培养。

2. 与时俱进,内容最新

根据最新的行业发展和教学改革精神进行编写,增加了2018—2022年国家相关制度的规定,确保内容始终与当今社会最新发展保持一致。

3. 理论够用,注重实用

根据高等职业教育的特点,按照职业岗位培养目标的要求,融"教、学、做"于一体进行编写,内容通俗易懂,由浅入深,循序渐进,利于学生理论知识的学习和实操技能的培养。

4. 体例新颖，形式活泼

主教材每个项目都设有【职业能力目标】【典型工作任务】【任务引例】【知识准备与业务操作】【引例解析】【做中学】【工作任务】【项目小结】栏目,双色设计,重点突出,体例新颖,形式活泼,有利于吸引学生学习兴趣,更好地学习相关知识。

5. 业财融合，学做合一

注重业财融合与成本管控的结合,强调成本核算与成本管理的融合,注重讲解成本信息在企业经营控制与管理决策中的运用,学做合一。

6. 典型案例，以案为鉴

增加了真实企业的成本核算与管理案例,将抽象的成本计算与管理理论融入现实企业的真实业务中,生成适宜教学的典型案例,深入浅出地展示教学内容,利于业务操作。

7. 资源丰富，利教便学

为了利教便学,部分学习资源以二维码形式提供在相关内容旁,可扫描获取。此外,我们精心设计了大量例题放在本书中,与主教材结合使用;另配有教学课件、课程标准、习题与项目实训参考答案等教学资源,供教师教学使用。

本次修订由安徽工商职业学院舒文存、谷小城担任主编,安徽工商职业学院张智慧任副主编。具体编写分工是:舒文存和程竞编写项目一、项目三,张智慧编写项目二、项目五、项目十一,李玲编写项目六、项目七,杨玲编写项目四,侯宝亮编写项目八、项目九,许芳编写项目十、项目十二。全书由舒文存总纂,谷小城参与总体框架和体例设计。合肥百大集团股份有限公司副总会计师吴莉、淮北矿业集团高级会计师武艳提供了部分企业案例,并提出了很多宝贵意见和建议。我们在编写过程中,参考了大量的资料,在此一并表示感谢。

因编者水平有限,书中难免有欠妥之处,恳请广大读者批评指正。

编　者

2023 年 8 月

目　录

项目一　成本计算认知

学 习 指 导

任务一　认 知 成 本

一、成本的内涵

(一) 成本的含义

美国会计学会(AAA)所属的"成本与标准委员会"对成本的定义是：为了达到特定目的而发生或未发生的价值牺牲，它可用货币单位加以衡量。

中国成本协会(CCA)发布的 CCA2101：2005《成本管理体系术语》标准中第 2.1.2 条对成本术语的定义是：成本是为过程增值和结果有效已付出或应付出的资源代价。

《企业产品成本核算制度(试行)》(2014 年 1 月 1 日起在除金融保险业以外的大中型企业范围内施行)中对产品成本下的定义是：产品成本是指企业在生产产品过程中所发生的材料费用、职工薪酬等，以及不能直接计入而按一定标准分配计入的各种间接费用。

(二) 成本与费用的关系

两者的联系在于，成本是按一定对象归集的费用，是对象化了的费用。

两者的区别是，费用是资产的耗费，它是针对一定的期间而言的，而与生产哪一种产品无关；成本与一定种类和数量的产品或商品相联系，不论其发生在哪一个会计期间。

(三) 生产成本与期间费用

生产成本(或制造成本)是企业为生产商品和提供劳务所发生的各种耗费和支出，包括各项直接支出和制造费用。直接支出包括直接材料(原材料、辅助材料、备品备件、燃料及动力等)、直接人工(生产人员的工资和补贴)、其他直接支出；制造费用是指企业内的分厂、车间为组织和管理生产所发生的各项费用，包括分厂、车间管理人员工资、折旧费及其他制造费用(办公费、差旅费、劳保费等)。

企业在生产过程中生产各种工业产品(包括产成品、自制半成品、工业性劳务等)、自制材料、自制工具、自制设备以及供应非工业性劳务要发生各种耗费，这些耗费称为生产费用。为生产一定种类和数量的产品所发生的全部生产费用，称为产品成本。

期间费用是指企业本期发生的、不能归入营业成本，而是直接计入当期损益的各项费用，包括销售费用、管理费用和财务费用等。

1

二、成本的作用

成本主要作用体现在以下四个方面：① 成本费用是反映和监督劳动耗费的工具；② 成本费用是补偿生产耗费的尺度；③ 成本费用可以综合反映企业工作质量，是推动企业提高经营管理水平的重要杠杆；④ 成本费用是制定产品价格的重要依据。

任务二　认知成本核算与管理

一、成本核算

（一）成本核算的含义

成本核算是指将企业在生产经营过程中发生的各种耗费按照一定的对象进行分配和归集，以计算总成本和单位成本。

（二）成本计算的含义

成本计算，就是对实际发生各种费用的信息进行处理。

成本计算是以计算对象为主体，对其直接费用的汇总，对间接费用的归集与分配，以及对对象的总成本、单位成本、完工产品成本和在产品成本所进行的计价。其实质就是通过一系列的计算，明确计算对象的"四成本产品"——总成本、单位成本、完工产品成本和在产品成本。

（三）成本核算的意义

成本核算是成本管理工作的重要组成部分。成本核算对企业成本计划的实施、成本水平的控制和目标成本的实现起着至关重要的作用。

做好计算成本工作，要建立健全原始记录；建立并严格执行材料的计量、检验、领发料、盘点、退库等制度；建立健全原材料、燃料、动力、工时等消耗定额；严格遵守各项制度规定，并根据具体情况确定成本核算的组织方式。

二、成本管理

（一）成本管理的含义

成本管理是指企业生产经营过程中各项成本核算、成本分析、成本决策和成本控制等一系列科学管理行为的总称。

成本管理一般包括成本预测、成本决策、成本计划、成本核算、成本控制、成本分析、成本考核等职能。成本管理是指在成本方面指挥和控制组织的协调活动。

（二）成本管理的内容和环节

成本管理由成本规划、成本计算、成本控制和业绩评价四项内容组成。

（三）现代成本管理理论

作业成本计算是作业成本管理的基础。它将成本管理的重心深入到供应链作业层次，尽可能消除"非增值作业"，改进"增值作业"，优化"作业链"和"价值链"，从成本优化的角度改造作业和重组作业流程；并且对供应链中的各项作业进行成本效益分析，确定关键作业点，对关键作业点进行重点控制。作业成本管理突破了传统的人们对于成本的种种认识，并为管理者增加了企业降低成本的途径。

三、成本会计

(一) 成本会计的含义

现代成本会计是成本会计与管理会计的直接结合,它根据成本核算和其他资料,采用现代数学和数理统计的原理和方法,针对不同业务,建立起数量化的管理技术,用来帮助人们按照成本最优化的要求,对企业的生产经营活动进行预测、决策、控制、分析、考核,促使企业的生产经营实现最优运转,从而大大提高企业的竞争能力和适应能力。

现代成本会计拓宽了传统成本会计的内涵和外延,其涉及的内容广泛,以我国会计界目前的共识来看,现代成本会计的基本内容是:成本预测、成本决策、成本计划、成本控制、成本核算、成本分析、成本考核、成本检查。

(二) 成本会计的对象

(1)制造企业一般按照产品品种、批次订单或生产步骤等确定产品成本核算对象。

(2)批发零售企业一般按照商品的品种、批次、订单、类别等确定成本核算对象。

(3)建筑企业一般按照签订的单项合同确定成本核算对象。

(4)房地产企业一般按照开发项目、综合开发期数并兼顾产品类型等确定成本核算对象。

(5)交通运输企业中以运输工具从事货物、旅客运输的,一般按照航线、航次、单船(机)、基层站段等确定成本核算对象。

(三) 成本会计的职能

成本会计的职能主要有:反映(或核算)职能;计划与预算职能;控制职能;分析、评价职能。

(四) 成本会计的工作组织

成本会计机构是处理成本会计工作的职能单位。成本会计人员是指在会计机构或专设成本会计机构中所配备的对企业日常的成本工作进行处理的工作人员。

成本会计工作的组织形式,主要是从方便成本工作的开展和及时准确地提供成本信息的需要出发,按成本要素划分为材料成本、人工成本和间接费用成本组织核算。

成本会计制度是指对进行成本会计工作所作的规定。具体的成本会计制度有:成本预测、决策制度;计划(或标准成本)成本编制制度;成本核算制度;成本控制制度;成本分析、考核制度等。

任务三　了解成本核算的要求

一、成本核算的要求

(一) 合理确定成本计算对象

(二) 恰当确定成本计算期

(三) 正确选择成本计算方法

(四) 合理设置成本项目

企业应当根据生产经营特点和管理要求,按照成本的经济用途和生产要素内容相结合的原则或者成本性态等设置成本项目。按照2014年1月1日施行的《企业产品成本核算制

1

度(试行)》的规定,各行业成本项目如下:

(1)制造企业一般设置直接材料、燃料和动力、直接人工和制造费用等成本项目。

(2)批发零售企业一般设置进货成本、相关税费、采购费等成本项目。

(3)建筑企业一般设置直接人工、直接材料、机械使用费、其他直接费用和间接费用等成本项目。

(4)房地产企业一般设置土地征用及拆迁补偿费、前期工程费、建筑安装工程费、基础设施建设费、公共配套设施费、开发间接费、借款费用等成本项目。

(5)交通运输企业一般设置营运费用、运输工具固定费用与非营运期间的费用等成本项目。

(6)信息传输企业一般设置直接人工、业务费、电路及网元租赁费等成本项目。

(7)软件及信息技术服务企业一般设置直接人工、外购软件与服务费、场地租赁费、差旅费、培训费、转包成本、水电费、办公费等成本项目。

(8)文化企业一般设置开发成本和制作成本等成本项目。

(五)合理选定费用分配标准

企业应当根据生产经营特点,以正常生产能力水平为基础,按照资源耗费方式确定合理的分配标准。

二、成本费用的分类

(一)生产费用按经济内容分类

按经济内容分类,费用可划分为劳动对象方面的费用、劳动手段方面的费用和活劳动方面的费用三大类。其次,还可以在此基础上进一步划分为若干要素费用,即材料费用、燃料费用、外购动力费用、薪酬费用、折旧费、其他生产费用。

(二)生产费用按经济用途分类

1. 生产费用按经济用途分类

为具体反映计入产品成本的生产费用的各种用途,提供产品成本构成情况的资料,还应将其进一步划分为若干产品成本项目。

2. 期间费用按经济用途分类

工业企业的期间费用按照经济用途可分为销售费用、管理费用和财务费用。

(三)生产费用按计入产品成本的方法分类

计入产品成本的各项生产费用,按计入产品成本的方法,可以分为直接计入费用和间接计入费用两种。

任务四　成本核算程序

一、成本计算的一般程序

成本计算一般分为以下几个步骤:

(1)生产费用支出的审核。

(2)确定成本计算对象和成本项目,开设产品成本明细账。

(3)进行要素费用的分配。

（4）进行综合费用的分配。

（5）进行完工产品成本与在产品成本的划分。

（6）计算产品的总成本和单位成本。

二、成本核算的主要账户设置

（一）"基本生产成本"账户

"基本生产成本"账户借方登记企业为进行基本生产而发生的各种生产费用；贷方登记转出的完工入库的产品成本；余额在借方，表示基本生产的在产品成本。该账户应当分别按照基本生产车间和成本核算对象（产品的品种、类别、订单、批别、生产阶段等）设置明细账（或称产品成本计算单），并按规定的成本项目设置专栏。如果企业生产的产品品种较多，为了按照产品成本项目（或者既按车间又按成本项目）汇总反映全部产品的总成本，还可以设置"基本生产成本二级账"。

（二）"辅助生产成本"账户

"辅助生产成本"账户借方登记为进行辅助生产而发生的各种耗费；贷方登记完工入库产品的成本或分配转出的劳务成本；余额在借方，表示辅助生产在产品的成本。

该账户应按辅助生产车间和生产的产品、劳务分设明细分类账，账中按辅助生产的成本项目或费用项目分设专栏或专行，进行明细登记。

辅助生产成本期末，应当对共同负担的费用按照一定的分配标准分配给各受益对象。

（三）"制造费用"账户

"制造费用"账户借方登记实际发生的制造费用；贷方登记分配转出的制造费用；除季节性生产企业外，该账户月末应无余额。该账户应按车间、部门设置明细分类账，账内按费用项目设立专栏进行明细登记。期末，将共同负担的制造费用按照一定的分配标准分配计入各成本核算对象。

三、成本核算的账务处理

（1）材料、燃料、动力的归集和分配。对于直接用于产品生产、构成产品实体的材料、燃料和动力，记入相应产品成本的"直接材料"项目。

（2）职工薪酬的归集和分配。直接进行产品生产的生产工人的职工薪酬，直接记入产品成本的"直接人工"成本项目。

（3）辅助生产费用的归集和分配。辅助生产费用的归集是通过辅助生产成本总账及明细账进行。一般按车间及产品和劳务设立明细账。辅助生产的分配应通过辅助生产费用分配表进行。辅助生产费用的分配方法通常有直接分配法、交互分配法、计划成本分配法、顺序分配法和代数分配法等。

（4）制造费用的归集和分配。制造费用应通过"制造费用"账户进行归集，月末按照一定的方法从贷方分配转入有关成本计算对象。制造费用分配方法通常包括采用生产工人工时比例法（或生产工时比例法）、生产工人工资比例法（或生产工资比例法）、机器工时比例法和年度计划分配率分配法等。

（5）废品损失和停工损失的核算。废品损失是在生产过程中发生的和入库后发现的不可修复废品的生产成本，以及可修复废品的修复费用，扣除回收的废品残料价值和应收赔款

1

以后的损失。停工损失是生产车间或车间内某个班组在停工期间发生的各项费用,包括停工期间发生的原材料费用、人工费用和制造费用等。

习　　题

任务一　认 知 成 本

一、判断题

1. 成本是为了达到特定目的而发生或未发生的价值牺牲,成本是为过程增值和结果有效已付出或应付出的资源代价。　　　　　　　　　　　　　　　　　　　　　（　　）

2. 成本和费用在概念上没有本质区别。　　　　　　　　　　　　　　　　　（　　）

3. 成本费用可以综合反映企业工作质量,是推动企业提高经营管理水平的唯一杠杆。
　　　　　　　　　　　　　　　　　　　　　　　　　　　　　　　　　　（　　）

4. 成本费用是补偿生产耗费的尺度。　　　　　　　　　　　　　　　　　　（　　）

5. 期间费用是指不能直接归属于某个特定产品成本的费用。它是随着时间推移而发生的与当期产品的管理和产品销售以及产品的产量、产品的制造过程直接相关。　（　　）

二、单项选择题

1. 制造费用不包括以下费用(　　　　)。

A. 分厂、车间管理人员工资　　　　　　　B. 企业管理设备折旧费

C. 车间管理办公费　　　　　　　　　　　D. 分厂管理人员差旅费、劳保费

2. 成本是为了达到特定目的而发生或未发生的价值牺牲,下此定义的是(　　　　)。

A. 美国会计学会(AAA)

B. 中国成本协会(CCA)

C. 财政部准则委员会

D. 美国会计学会(AAA)所属的"成本与标准委员会"

三、多项选择题

1. 产品成本是指企业在生产产品过程中所发生的(　　　　　　)。

A. 材料费用　　　　　　　　　　　　　　B. 职工薪酬

C. 各种间接费用　　　　　　　　　　　　D. 期间费用

2. 以下属于生产成本的直接支出包括(　　　　　)。

A. 直接材料　　　　　　　　　　　　　　B. 其他直接支出

C. 制造费用　　　　　　　　　　　　　　D. 管理费用

四、思考题

1. 如何理解成本的内涵?

2. 如何区分生产成本与期间费用?

3. 成本的作用有哪些?

任务二　认知成本核算与管理

一、判断题

1. 成本核算是成本管理的重要组成部分,对于企业的成本预测和企业的经营决策等存在直接影响。　　　　　　　　　　　　　　　　　　　　　　　　　　　　(　　)

2. 进行成本核算,首先要对已发生的费用按照用途进行分配和归集,计算各种产品的总成本和单位成本,为成本管理提供真实的成本资料;然后再审核生产经营管理费用,看其是否已发生,是否应当发生。　　　　　　　　　　　　　　　　　　　(　　)

3. 成本核算的正确与否,直接影响企业的成本预测、计划、分析、考核和改进等控制工作,同时也对企业的成本决策和经营决策的正确与否产生重大影响。　　　(　　)

4. 现代成本会计是成本会计与管理会计的结合。　　　　　　　　　　　　(　　)

5. 现代成本会计的基本内容包括:成本预测、成本决策、成本计划、成本控制、成本核算、成本分析、成本考核和成本检查。　　　　　　　　　　　　　　　　　(　　)

6. 制造企业一般按照产品品种、批次订单或生产步骤等确定产品成本核算对象。(　　)

二、单项选择题

1. 成本核算的基础是(　　)。

A. 会计核算　　　　　　　　　　　B. 成本管理

C. 会计监督　　　　　　　　　　　D. 成本控制与分析

2. (　　)是成本管理系统的信息基础。

A. 成本分析　　　　　　　　　　　B. 成本控制

C. 成本计算　　　　　　　　　　　D. 成本规划

3. 成本会计最基本的职能是(　　)。

A. 监督控制职能　　　　　　　　　B. 反映(或核算)职能

C. 计划与预算职能　　　　　　　　D. 分析评价职能

三、多项选择题

1. 成本管理一般包括(　　　　)等职能。

A. 成本预测　　　B. 成本决策　　　C. 成本计划　　　D. 成本核算

E. 成本控制

2. 成本管理的组成内容包括(　　　　)。

A. 成本规划　　　B. 成本计算　　　C. 成本控制　　　D. 业绩评价

四、思考题

1. 成本管理的作用有哪些?

2. 如何组织成本会计工作?

3. 如何理解现代成本会计?

1

任务三　了解成本核算的要求

一、判断题

1. 企业的规模、生产组织形式和技术特点不同,成本计算的对象也会不一样。（　　）

2. 不管是哪一种类型的企业,也不论计算什么成本,成本计算的基本原理、一般原则和基本程序却是相同的。（　　）

3. 企业应当根据生产经营特点和管理要求,按照成本的经济用途和生产要素内容相结合的原则或者成本性态等设置成本项目。（　　）

4. 建筑企业一般设置直接材料、燃料和动力、直接人工和制造费用等成本项目。（　　）

5. 企业应当根据生产经营特点,以平均生产能力水平为基础,按照资源耗费方式确定合理的分配标准。（　　）

二、单项选择题

1. 批发零售企业(一般纳税人)成本项目一般不包括（　　）。

A. 进货成本　　　　　　　　　　　B. 进项增值税

C. 相关税费　　　　　　　　　　　D. 采购费

2. 设备修理费属于（　　）。

A. 生产成本　　　B. 制造费用　　　C. 管理费用　　　D. 销售费用

三、多项选择题

1. 房地产企业一般设置的成本项目有（　　）。

A. 土地征用及拆迁补偿费　　　　　B. 前期工程费

C. 建筑安装工程费　　　　　　　　D. 基础设施建设费

E. 开发间接费

2. 制造企业一般设置的成本项目有（　　）。

A. 外购材料　　　　　　　　　　　B. 燃料和动力

C. 直接人工　　　　　　　　　　　D. 制造费用

四、思考题

1. 成本核算的要求有哪些?

2. 按照《企业产品成本核算制度(试行)》以及对部分行业的最新规定,各行业成本项目如何确定?

任务四　成本核算程序

一、判断题

1. 无论是外购的,还是自制的,发生材料、燃料和动力等各项要素费用时,对于直接用于产品生产、构成产品实体的材料、燃料和动力,一般分产品领用,应根据领退料凭证直接计入相应产品成本的"直接材料"项目。（　　）

2. 生产产品耗用材料对于不能分产品领用的,不需要分配直接计入各相关产品成本的

"制造费用"成本项目。   （   ）

   3. "基本生产成本"和"辅助生产成本"只能作为二级明细账使用。   （   ）

   4. 工业企业的辅助生产，是指主要为基本生产车间、企业行政管理部门等单位提供服务而进行的产品生产和劳务供应。   （   ）

   5. 产品入库后，由于保管不善等原因而损坏变质的产品和实行"三包"企业在产品出售后发现的废品均不包括在废品损失内。   （   ）

二、单项选择题

  1. 应计入产品成本、但没有专设成本项目的各项生产费用属于（   ）。

A. 生产成本   B. 制造费用

C. 管理费用   D. 基本生产成本

  2. 废品损失不包括（   ）。

A. 在生产过程中发生的和入库后发现的不可修复废品的生产成本

B. 可修复废品的修复费用

C. 扣除回收的废品残料价值

D. 不需要返修、可以降价出售的不合格品的损失

三、多项选择题

  1. 制造费用包括（   ）。

A. 机物料消耗   B. 车间管理人员的薪酬

C. 车间管理用房屋和设备的折旧费   D. 车间设备修理费

E. 车间管理用的照明费、水费、取暖费

  2. 停工损失包括（   ）。

A. 停工期间发生的原材料费用   B. 停工期间发生的人工费用

C. 停工期间发生的制造费用   D. 保险公司赔偿的部分

四、思考题

  1. 成本计算的一般程序分哪几个步骤？

  2. 成本核算涉及的账户主要有哪些？

项目二　生产费用的核算

学 习 指 导

任务一　了解费用要素核算的程序

一、要素费用的概念

生产费用按照经济内容,可分为劳动对象消耗的费用、劳动手段消耗的费用和活劳动中必要劳动消耗的费用。这在会计上称为要素费用,它由外购材料、外购燃料、外购动力、职工薪酬、其他支出等项目组成。

二、要素费用核算的程序

(一)要素费用的归集

要素费用的归集,是指汇集企业在一定的会计期间为进行生产经营活动发生的各种要素费用的总额。

(二)要素费用的分配

要素费用的分配,是指按照要素费用的用途和发生地点,分配计入产品成本和期间费用等。

分配间接计入费用的标准有成果类、消耗类、定额类等。

费用分配率与费用分配的计算如式 2-1、式 2-2 所示。

$$费用分配率=\frac{待分配费用总额}{分配标准总额} \tag{2-1}$$

$$分配对象应分配的费用=该对象的分配标准额×费用分配率 \tag{2-2}$$

任务二　材料费用的核算

工业企业的材料主要包括购入的各种原料、主要材料、辅助材料、燃料、包装材料、外购半成品、修理用备件等。

一、原材料费用的核算

原材料是构成产品成本的主要要素,因此,正确计算各项材料费用是企业的一项很重要的工作。

（一）原材料发出计价

1. 按实际成本核算

材料按实际成本计价方法进行日常核算，其特点是：从材料的收、发凭证到总分类账和明细分类账的登记全部按实际成本计价。

2. 按计划成本核算

材料按计划成本进行计价核算，其特点是：原材料的日常收发及结存，无论是总分类核算还是明细分类核算，均按照计划成本进行核算。

（二）原材料领用凭证及其控制

领用原材料时使用的原始凭证主要包括领料单、限额领料单和领料登记表等。

（三）原材料费用分配的基本方法

1. 确定原材料分配对象——谁领用，谁负责，谁承担

（1）直接用于产品生产的材料，形成产品实体，应记入"基本生产成本"账户的"直接材料"成本项目。

（2）基本生产车间一般耗用的材料，则记入"制造费用"账户进行归集。月末分配记入"基本生产成本"账户的"制造费用"成本项目。

（3）直接用于辅助产品生产（或劳务提供）的材料，应记入"辅助生产成本"账户的"直接材料"成本项目。用于辅助生产车间的一般耗用材料先记入辅助生产车间的"制造费用"账户进行归集。月末分配记入"辅助生产成本"账户的"制造费用"成本项目。这种处理方法与基本生产类似。

（4）销售机构、行政管理部门耗用的材料，应分别记入"销售费用""管理费用"账户，作为期间费用转入"本年利润"账户，冲减当期损益。

2. 间接计入材料费用的分配方法

对于几种产品共同耗用的各种材料费用，应选择适当的标准采用一定的分配方法分配计入各种产品成本。

（1）定额消耗量比例分配法——多种产品共同消耗一种材料。

（2）定额费用比例分配法——多种产品共同耗用多种材料。

（3）产品重量比例分配法。

（4）产品产量比例分配法。

（四）原材料费用分配的账务处理

原材料费用的分配是通过材料费用分配表进行的。此分配表应根据领退料凭证和有关资料编制，其中退料凭证的数额应从相应的领料凭证的数额中扣除。

二、燃料费用的核算

对于直接用于产品生产的燃料，如能分清是由哪种产品耗用的，则应根据有关的原始凭证，直接记入该产品的成本计算单中的"燃料及动力"成本项目中；若企业不设置"燃料及动力"成本项目，则应将其直接记入"直接材料"成本项目中。

几种产品共同耗用而分不清哪种产品耗用的燃料费用时，则应采取适当的分配标准，在

2

各种产品当中进行分配。采用的分配标准一般为产品的重量、体积、定额消耗量、定额费用等。

辅助生产车间使用的燃料,应记入"辅助生产成本"账户。

基本生产车间一般耗用的燃料,应记入"制造费用"账户。

管理部门使用的燃料,应记入"管理费用"账户。

三、周转材料的核算

周转材料是指企业能够多次使用、逐渐转移其价值但仍保持原有形态不确认为固定资产的材料。

(一)低值易耗品的核算

低值易耗品是指劳动资料中单位价值在规定限额以下或使用年限较短(一般在一年以内)的物品。

低值易耗品的摊销方法通常有一次摊销法、五五摊销法、分次摊销法。

(1)采用一次摊销法的,领用时应按其账面价值,一次转移给受益对象,借记"制造费用""管理费用"账户,贷记"周转材料"账户。

(2)采用五五摊销法的,领用时先摊销其价值的一半,报废时摊销另一半(扣除残值)。该方法适用于报废比较均衡的低值易耗品。

(3)采用分次摊销法的,将低值易耗品账面价值分成若干期,分次摊销给受益对象。该方法适用于价值比较高、使用期限比较长的低值易耗品,但摊销时间一般不超过一年。

周转材料采用计划成本进行日常核算的,领用等发出周转材料时,还应同时结转应分摊的成本差异。

(二)包装物的核算

包装物数量比较小的企业,以及各种包装材料,可以通过"原材料"核算;用于保管材料、储存材料不对外销售的包装物,根据其性质在"周转材料"或"固定资产"内核算;单独作为商品的自制包装物做"库存商品"处理。

任务三　外购动力费用的核算

一、外购动力费用支出的核算

动力费用是指企业耗用的电力、蒸汽等费用。实务中,通过设置"应付账款"账户来核算外购动力的支付与分配。

二、外购动力分配的核算

凡是基本生产车间直接用于产品生产的外购动力费用,在按照一定标准分配后,记入基本生产明细账中的"直接材料"成本项目,或记入单独设置的"燃料与动力"成本项目;基本生产车间照明和办公等耗用的动力费用,应记入"制造费用"明细账;辅助生产车间耗用的动力费用记入"辅助生产成本"明细账;其他单位或部门耗用的动力费用记入"管理费用""销售费用"等账户。

任务四　职工薪酬的核算

一、职工薪酬的组成

职工薪酬,是指企业为获得职工提供的服务而给予各种形式的报酬以及其他相关支出。

职工薪酬主要包括:职工工资,职工福利费,医疗保险费、养老保险费、失业保险费、工伤保险费和生育保险费等社会保险费,住房公积金,工会经费和职工教育经费,非货币性福利,因解除与职工的劳动关系给予的补偿,其他与获得职工提供的服务相关的支出。

二、职工薪酬的计算

(一)职工薪酬计算的基础工作

做好职工薪酬计算的基础工作,包括考勤记录、产量和工时记录等。

(二)职工工资的计算

1. 计时工资的计算

计时工资是指根据职工的计时工资标准和工作时间支付给职工个人的劳动报酬。

月薪制是指月标准工资扣除缺勤工资计算职工工资的一种方法。计算其应得的职工薪酬有两种基本的方法:① 按月标准工资扣除缺勤天数应扣工资计算;② 直接根据职工的出勤天数计算:

按出勤天数算,如式 2−3 所示。

$$应付计时工资=[月出勤天数+病假天数×(1-病假扣款率)]×日标准工资 \quad (2-3)$$

按缺勤天数算,如式 2−4 所示。

$$应付计时工资=月标准工资-(事假、旷工天数+病假天数× \\ 病假扣款率)×日标准工资 \quad (2-4)$$

由于各月日历天数不同,因此,同一职工各月的日标准工资也不同,在实际工作中,为简化核算工作,日标准工资可按以下两种方法计算:

(1) 按月平均天数(30 天)算,每年总天数按国家统计口径 360 天计算,每月平均 30 天,如式 2−5 所示。

$$日标准工资=月标准工资÷30 \quad (2-5)$$

(2) 按月平均工作天数(20.83 天)算,全年日历天数减去法定节假日和双休日,再除以 12 的,每月平均 20.83 天,如式 2−6、式 2−7 所示。

$$月平均工作天数=\frac{365-11-52×2}{12}=20.83 \quad (2-6)$$

$$日标准工资=月标准工资÷20.83 \quad (2-7)$$

企业计算计时工资有两种方法,计算日标准工资有两种算法,因此计算计时工资就有了四种不同的方法。

按月平均天数(30 天)计算日工资标准,按出勤天数计算月工资;

2

按月平均天数(30 天)计算日工资标准,按缺勤天数扣除缺勤工资计算;

按月工作天数(20.83 天)计算日工资标准,按出勤天数计算月工资;

按月工作天数(20.83 天)计算日工资标准,按缺勤天数扣除缺勤工资计算。

2. 计件工资的计算

计件工资是按照工人生产的合格品的数量(或作业量)和预先规定的计件单价,来计算报酬的一种工资形式。

(1) 个人计件。计件工资一般针对生产工人而采用的计算方法,应付工人的计件工资,是根据产量凭证登记的每人(或班组)完成的合格品产量乘以规定的计件单价计算的。其核算公式如式 2-8 所示。

$$应付工人计件工资 = \sum \left[(合格品数量 + 料废品数量) \times 计件单价 \right] \qquad (2-8)$$

(2) 集体计件。当工人集体从事某项工作且不易分清每个职工的经济责任时,可采取集体计件工资的方式。

集体计件工资的计算方法与个人计件工资的计算方法相同,但集体计件工资还要在集体内部各工人之间按照贡献大小进行分配,大多数按每人的工资标准和工作日数(或工作时数)的乘积为比例进行分配。

计件工资中废品的计算按工废品和料废品分别进行。

工废品:职工自身加工原因而导致生产的产品不合格,不计发工资。

料废品:由于材料原因而导致生产的产品不合格,需要计发工资。

三、职工薪酬的结算

(一) 职工薪酬的结算

当职工薪酬的各个项目计算出来后,即为应付每位职工的薪酬,企业根据职工提供服务的受益对象,将确认的职工薪酬计入相关资产成本或当期的损益,借记相关资产损益账户,贷记"应付职工薪酬"账户。

(二) 职工薪酬的支付

企业按规定计算出每一职工的应付薪酬后,应在规定日期发放给每一职工。

但应付职工薪酬一般包括两个部分:实发薪酬与代扣代垫款项。代扣款代垫项,是指单位发放工资时从应付职工薪酬中扣除的由企业替职工垫付的各种款项。

四、职工薪酬的分配

如果生产车间生产多种产品,则该生产车间发生的直接人工费用就需要在各种产品之间进行分配,分配时一般采用产品的实际生产工时作为分配标准。如果工时定额比较准确,也可以按定额工时进行分配。用公式表示如式 2-9、式 2-10 所示。

$$直接人工费用分配率 = \frac{生产工人的职工薪酬总额}{各种产品的实际工时(定额工时)合计数} \qquad (2-9)$$

$$该车间某种产品应分配的工资 = 某种产品的实际工时(或定额工时) \times 直接人工费用分配率 \qquad (2-10)$$

任务五　其他费用的核算

一、折旧费用的核算

折旧费用应按固定资产的具体使用单位进行分配：其中基本生产车间使用的固定资产折旧费用全部记入本车间的"制造费用"账户。辅助生产车间使用的固定资产折旧费用，记入"辅助生产成本"账户；企业管理部门、专设销售机构所用固定资产的折旧费用，则应分别记入"管理费用""销售费用"等总账及其明细账的"折旧费"项目。

二、利息费用的核算

利息费用不构成产品成本，它是企业经营管理费用中的财务费用的组成部分。通过在"财务费用"账户中设立一个明细账户"利息费用"进行核算。

三、税金及其他费用的核算

（一）税金费用的核算

企业费用要素中的税金是特指费用性税金，包括房产税、印花税、车船税和城镇土地使用税四种。

（二）其他费用的核算

企业各种要素费用中的其他费用，是指除了前面所述各要素以外的费用，包括邮电费、租赁费、印刷费、图书资料报刊订购费、办公用品费、试验检验费、排污费、差旅费、保险费、职工技术培训费等。这些费用都没有专门设立成本项目，均属间接费用或者期间费用。这些费用应该在发生时，按发生的地点和用途，分别记入"制造费用""管理费用""销售费用"账户。

习　　题

任务一　了解费用要素核算的程序

一、判断题

1. 产品成本是生产费用要素的最终归宿，即生产费用最终会形成生产成本。　（　　　）

2. 要素费用一定是产品成本的构成要素。　（　　　）

3. 燃料与动力是一项费用要素。　（　　　）

4. 要素费用的组成中的税金指的是企业计入管理费用的各种税金，包括房产税、车船税、土地增值税、印花税等。　（　　　）

5. 间接计入费用成果类分配标准的有产品的重量、体积、产量、生产工时。　（　　　）

6. 用于产品生产、有对应成本项目的要素费用，应借记"基本生产成本"账户。　（　　　）

二、单项选择题

1. 下列项目中，属于费用要素的是（　　　）。

A. 直接材料　　　　B. 燃料及动力　　　　C. 职工薪酬　　　　D. 废品损失

2. 下列项目中,应直接计入某一种产品成本明细账的是(　　　)。

A. 直接生产费用　　　　　　　　　B. 专设成本项目的直接生产费用

C. 间接生产费用　　　　　　　　　D. 车间管理人员工资

三、思考题

1. 间接计入费用分配的标准有哪些?

2. 试分析要素费用与生产成本的区别和联系。

任务二　材料费用的核算

一、判断题

1. 需要分配计入产品成本的直接材料费用,一般选用生产工时比例分配。　　　(　　　)

2. 构成产品实体的原材料以及主要材料,能直接计入产品生产成本。　　　(　　　)

3. 外购材料的实际成本包括材料购买过程中所有的支出。　　　(　　　)

4. 结转发出材料的成本差异,都要记在"材料成本差异"账户的贷方。　　　(　　　)

5. 如果企业的生产工艺用燃料必须专门设置"燃料与动力"项目进行核算。　　　(　　　)

二、单项选择题

1. 企业为生产产品发生的原料及主要材料的耗费,应通过(　　　)账户核算。

A. 基本生产成本　　　　　　　　　B. 辅助生产成本

C. 管理费用　　　　　　　　　　　D. 制造费用

2. 生产车间领用的一般消耗性材料应计入(　　　)。

A. 制造费用　　　　　　　　　　　B. 管理费用

C. 销售费用　　　　　　　　　　　D. 其他业务成本

3. 产品生产领用低值易耗品,应记入(　　　)账户。

A. 制造费用　　　　　　　　　　　B. 基本生产成本

C. 管理费用　　　　　　　　　　　D. 辅助生产成本

4. 如果低值易耗品采用五五摊销法摊销时,领用时应借记的账户是(　　　)。

A. 基本生产成本　　　　　　　　　B. 长期待摊费用

C. 低值易耗品——在用　　　　　　D. 低值易耗品——摊销

5. 按照产品材料定额费用比例分配法分配材料费用时,适用条件是(　　　)。

A. 产品产量与所耗用的材料有密切关系　　B. 几种产品共同耗用多种材料

C. 几种产品共同耗用一种材料　　　　　　D. 产品重量与所耗用的材料有密切关系

三、多项选择题

1. 计入产品成本的各项材料费用,按照其用途,应记入(　　　)账户的借方。

A. 制造费用　　　　　　　　　　　B. 基本生产成本

C. 管理费用　　　　　　　　　　　D. 辅助生产成本

2. 原材料及主要的费用可以按照(　　　)进行分配。

A. 产品重量比例　　　　　　　　B. 定额消耗量比例

C. 定额费用比例分配法　　　　　D. 工时比例

3. 低值易耗品的摊销方法有(　　　　)。

A. 一次摊销法　　　B. 分次摊销法　　　C. 工作量法　　　D. 五五摊销法

4. 材料发出计价的方式有(　　　　)。

A. 先进先出法　　　　　　　　　B. 个别计价

C. 全月一次加权平均　　　　　　D. 一次摊销法

5. 材料的实际成本包括(　　　　)。

A. 买价　　　　　　　　　　　　B. 增值税

C. 运杂费　　　　　　　　　　　D. 入库前挑选整理费

四、业务题

1. 某厂基本生产车间 6 月份投产甲、乙、丙三种产品,共同耗用 A 材料 41 600 千克,材料单价 10 元/千克。本月投产量甲产品 2 000 件、乙产品 1 600 件、丙产品 1 200 件,各种产品消耗定额分别为甲产品 6 千克/件、乙产品 5 千克/件、丙产品 10 千克/件。

要求:按定额消耗量比例分配材料费用。

2. 某企业本月生产 A 产品 100 件,B 产品 200 件。A、B 产品共同耗用甲材料 4 900 千克,材料单价 10 元,共同耗用乙材料 3 500 千克,材料单价 8 元,A 产品的材料消耗定额甲材料 30 千克,乙材料 16 千克,B 产品的材料消耗定额甲材料 20 千克,乙材料 10 千克。

要求:根据 A、B 产品的材料定额费用比例分配共同耗用的材料费用。

3. 企业生产甲、乙两种产品共同耗用 A 种原材料,甲产品投产 200 件,单件产品的原材料消耗定额为 8 千克;乙产品投产 400 件,单件产品的原材料消耗定额为 2 千克。甲、乙两种产品本月实际消耗材料 3 564 千克。A 种原材料计划单价为 5 元,材料成本差异率为−2%。

要求:

(1) 按照定额消耗量比例分配甲、乙两种产品的原材料费用;

(2) 编制材料耗用的会计分录。

4. 某工业生产部门 12 月领用生产用具一批,采用五五摊销法摊销,其实际成本为 18 600 元;报废在用生产用具一批,其实际成本为 10 500 元,回收残料计价 350 元,已验收入库。

要求:编制低值易耗品领用、摊销、报废的会计分录。

5. 某工业企业生产甲、乙两种产品共同领用汽油 1 000 升,7.5 元/升。甲产品投产 50 件,原料单件消耗定额为 2 升;乙产品投产 20 件,单件消耗定额为 3 升。车间一般消耗领用 40 升,运输部门领用 5 000 升,行政管理领用 800 升,销售部门领用 1 000 升。

要求:分配燃料费用,并编制会计分录。

五、思考题

1. 材料分配过程中定额消耗量比例与定额费用比例使用条件有何不同?

2. 低值易耗品各种摊销方法的摊销过程是什么?

3. 外购燃料什么情况下可以与原材料处理情况相同?

2

任务三　外购动力费用的核算

一、判断题

1. 动力费用可以分为自制和外购两种情况。　　　　　　　　　　　（　　）

2. 企业的外购动力费用,在付款时根据外购动力的用途,可以直接借记各个成本费用账户,贷记"银行存款"账户。　　　　　　　　　　　　　　（　　）

二、单项选择题

1. 在企业成本明细账中设置"燃料及动力"成本项目下,发生的直接用于产品生产的动力费用,应借记(　　　)。

A. "基本生产成本"账户的"燃料及动力"成本项目

B. "基本生产成本"账户的"制造费用"成本项目

C. "制造费用"账户

D. "辅助生产成本"账户

2. 企业的外购动力费用,在付款时根据外购动力的用途,直接借记各个成本费用账户,贷记"银行存款",但在实际工作中一般通过(　　　)账户核算。

A. 应收账款　　　　B. 应付账款　　　　C. 库存现金　　　　D. 应收票据

三、多项选择题

1. 车间动力用电费作为共同消耗的间接计入费用应在各种产品之间,一般以(　　　)标准为依据进行分配。

A. 产品生产工时　　B. 机器工时　　　　C. 定额耗电量　　　D. 产品重量

2. 企业的外购动力费用,在付款时根据外购动力的用途,可以借记(　　　)账户。

A. 基本生产成本　　　　　　　　　　B. 辅助生产成本

C. 制造费用　　　　　　　　　　　　D. 管理费用

E. 销售费用

四、业务题

某工业企业 9 月 30 日根据以表计量共耗用动力(电力)费用 33 600 度。该月末查明各车间、部门耗电度数为:基本生产车间动力用电 24 500 度,辅助生产车间动力用电 3 900 度,基本生产车间照明用电 2 200 度,辅助生产车间照明用电 1 150 度,行政管理部门照明用电 1 850 度,该企业电力单价 1.6 元/度,产品机器工时分别为:甲产品 1 050 工时;乙产品 950 工时。

要求:

(1) 按照机器工时分配甲乙两产品共同耗用动力;

(2) 编制外购动力分配会计分录(该企业基本生产产品单独设有"燃料及动力"成本项目)。

五、思考题

1. 外购动力与企业自制动力核算上有何区别?

2. 外购动力与直接人工、制造费用在核算时有何相同点?

任务四　职工薪酬的核算

一、判断题

1. 计件工资计算生产工人薪酬,只要出现废品,就需扣工资。　　　　　　　(　　)
2. 企业以 30 天作为计算职工薪酬时,缺勤期间的节假日不算工资。　　　(　　)
3. 企业以 20.83 天作为月工作天数计算职工薪酬时,缺勤期间的节假日不算工资。(　　)

二、单项选择题

1. 下列人员中,其工资应计入产品成本中直接人工项目的有(　　)。
   A. 产品生产工人　　　　　　　　　　B. 车间技术人员
   C. 厂部管理人员　　　　　　　　　　D. 车间管理人员
2. 某职工 9 月生产合格品 150 件,料废 3 件,工废 8 件,计件单价 15 元/件,则该企业应付给该职工的计件工资为(　　)元。
   A. 2 250　　　　　　B. 2 295　　　　　　C. 2 370　　　　　　D. 2 415
3. 企业分配薪酬费用时,基本车间的管理人员薪酬,应借记(　　)账户。
   A. 基本生产成本　　　B. 制造费用　　　　C. 管理费用　　　　D. 辅助生产成本
4. 下列各项费用中,不能直接借记"基本生产成本"账户的是(　　)。
   A. 车间生产工人计时工资　　　　　　B. 车间生产工人保险费
   C. 车间管理人员工资　　　　　　　　D. 构成产品实体的原料费用
5. 在企业生产产品成本中,"直接人工"项目不包括(　　)。
   A. 直接参加生产的工人的工资　　　　B. 按生产工人工资计提的福利费
   C. 直接参加生产的工人的计件工资　　D. 企业行政管理人员工资

三、多项选择题

1. 下列属于职工薪酬组成项目的有(　　　)。
   A. 计时工资　　　　B. 计件工资　　　　C. 辞退福利　　　　D. 住房公积金
2. 企业的职工包括(　　　)。
   A. 与企业订立劳动合同的所有人员
   B. 未与企业订立劳动合同,但由企业正式任命的人员
   C. 未与企业订立劳动合同,但在企业的计划和控制下,为企业提供与职工类似服务的人员
   D. 未由企业正式任命,但在企业的计划和控制下,为企业提供与职工类似服务的人员
3. 做好工资费用核算的基础工作,包括做好(　　　)工作。
   A. 考勤记录　　　　B. 产量记录　　　　C. 工时记录　　　　D. 材料定额记录
4. 在按 20.83 天计算日工资率的企业中,(　　　)。
   A. 节假日计发工资　　　　　　　　　B. 节假日不计发工资
   C. 缺勤期间的节假日不扣工资　　　　D. 缺勤期间的节假日扣工资
5. 生产工人职工薪酬作为共同消耗的间接计入费用应在各种产品之间,一般以(　　　)标准为依据进行分配。
   A. 产品产量　　　　B. 机器工时　　　　C. 定额工时　　　　D. 产品生产工时

四、业务题

1. 某企业员工小周,月工资标准 3 000 元,2018 年 6 月,请事假 1 天,病假 3 天,请假期间不含节假日,根据公司的相关规定,病假按工资标准的 75% 计算。

要求:

(1) 按月平均天数(30 天)计算日工资标准,按出勤天数计算月工资;

(2) 按月平均天数(30 天)计算日工资标准,按缺勤天数扣除缺勤工资计算;

(3) 按月工作天数(20.83 天)计算日工资标准,按出勤天数计算月工资;

(4) 按月工作天数(20.83 天)计算日工资标准,按缺勤天数扣除缺勤工资计算。

2. 某企业基本生产车间生产工人薪酬共计 32 000 元,规定按定额工时比例在 A、B 两种产品之间进行分配。这两种产品的工时定额为:A 产品 0.5 小时,B 产品 0.3 小时;本月生产 A 产品 1 800 件,B 产品 4 300 件;辅助生产车间生产工人薪酬 5 870 元;基本生产车间管理人员薪酬 4 350 元;行政管理部门人员工资 9 320 元,销售人员薪酬 12 730 元。

要求:分配 A、B 两种产品的职工薪酬并编制分配薪酬费用的会计分录。

3. 某工业企业二级工人加工 A、B 两种产品。A 产品工时定额为 20 分钟;B 产品工时定额为 30 分钟。二级工人的小时工资率为 8 元/小时。该工人某月加工 A 产品 300 件,B 产品 120 件,经质检部门检测,发现 A 产品有料废 5 件,B 产品有工废 2 件。

要求:计算该工人所产 A、B 两种产品应付的计件工资,并编制会计分录。

五、思考题

1. 职工薪酬包含的内容有哪些?

2. 计时工资计算时有哪几种标准?各种标准在计算时各有哪些优缺点?

3. 计件工资适用于企业的哪部分职工计算薪酬?为什么?

4. 职工薪酬支付时,代扣代缴项目如何进行账务处理?

5. 职工薪酬分配过程中,涉及的共同消耗采用何种标准进行分配?

任务五　其他费用的核算

一、判断题

1. 基本生产车间机器设备的折旧费,是产品成本的组成部分,提取时应借记"基本生产成本"账户。　　　　　　　　　　　　　　　　　　　　　　　　　　(　　)

2. 企业费用要素中的税金是特指费用性税金,能够计入制造费用。　　(　　)

二、单项选择题

1. 下列项目中,应计入本月折旧费用的是(　　)。

A. 本月增加的设备　　　　　　　　B. 上月购入的设备

C. 超龄使用、已提足折旧的设备　　D. 提前报废的设备

2. 费用要素中的税金,发生时应借记的账户是(　　)。

A. 管理费用　　　B. 制造费用　　　C. 税金及附加　　　D. 销售费用

三、多项选择题

1. 企业费用要素中的税金包括(　　　　)。

A. 房产税　　　　　　　　　　　B. 印花税

C. 车船税　　　　　　　　　　　D. 城镇土地使用税

E. 消费税

2. 下列各项中属于直接生产费用的是(　　　　)。

A. 车间厂房的折旧费

B. 产品生产设备的折旧费

C. 企业行政部门固定资产的折旧费

D. 企业经营性租入固定资产的折旧费

四、业务题

某工业企业 4 月 30 日,计提本月基本车间生产设备折旧 23 000 元,厂房折旧 17 000 元,辅助生产部门设备厂房折旧 12 000 元,行政管理部门设备折旧 6 000 元,销售机构折旧 4 000 元。

要求:编制折旧计提会计分录。

五、思考题

1. 根据折旧费用与产品关系的密切程度,判断哪些折旧费用属于直接生产费用,哪些属于间接生产费用?

2. 哪些税金可以作为要素费用的税金进行核算?

项 目 实 训

一、实训目的

通过实训,使学生熟悉要素费用归集与分配的程序,掌握直接材料、直接人工、折旧费用等计入产品成本的方法。

二、实训条件

1. 具备直接材料、直接人工归集的原始凭证;

2. 根据企业实际情况开设相关的总账、明细账;

3. 各种费用分配表;

4. 一定数量的记账凭证。

三、实训材料

恒信集团下属的装备制造公司设有一个基本生产车间,大量生产甲、乙两种产品。甲、乙两种产品属于单步骤生产,根据生产特点和管理要求,甲乙两种产品采用品种法计算产品成本。

该企业开设"基本生产成本""辅助生产成本"总账,"基本生产成本"总账下分别按甲乙产品,设置基本生产成本明细账和生产成本计算单。

9 月生产情况如下:生产数量,甲产品本月完工 500 件;乙产品本月完工 200 件。甲产

2

品材料消耗量定额 12 千克,工时定额 2 小时;乙产品材料消耗量定额 20 千克,工时定额 5 小时。

　　取得相关原始凭证如表 2-1 至表 2-14 所示。

表 2-1

领 料 单

领用单位:基本车间　　　　　　　　　　9 月 2 日　　　　　　　　　　　　　　材料库

用　　途	生产甲产品		产品数量	500 件			
材料类别	材料名称	规格	计量单位	数　　量		单　价	金　额
				请领	实发		
	A 材料		千克	4 000	4 000	80	320 000
合　　计			叁拾贰万元整				320 000
备　　注							

核算:　　　　　主管:　　　　　发料:　　　　　主管:　　　　　领料:

表 2-2

领 料 单

领用单位:基本车间　　　　　　　　　　9 月 8 日　　　　　　　　　　　　　　材料库

用　　途	生产乙产品		产品数量	200 件			
材料类别	材料名称	规格	计量单位	数　　量		单　价	金　额
				请领	实发		
	B 材料		千克	3 000	3 000	60	180 000
合　　计			壹拾捌万元整				180 000
备　　注							

核算:　　　　　主管:　　　　　发料:　　　　　主管:　　　　　领料:

表 2-3

领 料 单

领用单位:基本车间　　　　　　　　　　9 月 9 日　　　　　　　　　　　　　　材料库

用　　途	甲乙产品共同耗用		产品数量				
材料类别	材料名称	规格	计量单位	数　　量		单　价	金　额
				请领	实发		
	C 材料		千克	2 000	2 000	10	20 000
合　　计			贰万元整				20 000
备　　注							

核算:　　　　　主管:　　　　　发料:　　　　　主管:　　　　　领料:

表 2 - 4　　　　　　　　　　　　　领　料　单

领用单位：基本车间　　　　　　　　　9 月 9 日　　　　　　　　　材料库

用　途	机物料一般消耗		产品数量				
材料类别	材料名称	规格	计量单位	数　量		单　价	金　额
				请领	实发		
	D 材料		千克	100	100	50	5 000
合　计	伍仟元整						5 000
备　注							

核算：　　　　主管：　　　　发料：　　　　主管：　　　　领料：

二记账联

表 2 - 5　　　　　　　　　　　　　领　料　单

领用单位：运输车间　　　　　　　　　9 月 10 日　　　　　　　　燃料库

用　途	燃　料		产品数量				
材料类别	材料名称	规格	计量单位	数　量		单　价	金　额
				请领	实发		
	E 燃料		升	3 000	3 000	8	24 000
合　计	贰万肆仟元整						24 000
备　注							

核算：　　　　主管：　　　　发料：　　　　主管：　　　　领料：

二记账联

表 2 - 6　　　　　　　　　　　　　领　料　单

领用单位：行政管理部门　　　　　　　9 月 15 日　　　　　　　燃料库

用　途	燃　料		产品数量				
材料类别	材料名称	规格	计量单位	数　量		单　价	金　额
				请领	实发		
	E 燃料		升	600	600	8	4 800
合　计	肆仟捌佰元整						4 800
备　注							

核算：　　　　主管：　　　　发料：　　　　主管：　　　　领料：

二记账联

表 2 - 7

领　料　单

领用单位：基本车间　　　　　　　　　　9 月 20 日　　　　　　　　　　周转材料库

用　途	生产工具		产品数量					二记账联
材料类别	材料名称	规格	计量单位	数　量		单　价	金　额	
				请领	实发			
	F 工具		千克	200	200	2	400	
合　计	肆佰元整						400	
备　注								

核算：　　　　主管：　　　　发料：　　　　主管：　　　　领料：

表 2 - 8

领料汇总表

9 月 30 日　　　　　　　　　　　　金额单位：元

领料部门	用　途	材料品种	数量	单价	金额
基本生产车间领用	甲产品直接领用				
	乙产品直接领用				
	甲、乙产品共同领用				
	车间一般耗用				
	车间领用生产工具				
辅助生产部门领用					
管理部门领用					
合　计					

表 2 - 9

材料费用分配表

9 月　　　　　　　　　　　　　　金额单位：元

领料部门		直接计入材料	分配计入材料				材料费用合计
			消耗量定额	定额消耗量	分配率	分配金额	
基本生产车间产品耗用	甲产品		12 千克				
	乙产品		20 千克				
	小　计						
基本生产车间一般耗用							
辅助生产部门耗用							
管理部门耗用							
合　计							

表 2 - 10　　　　　　　　　　　**工资结算汇总表**

9月　　　　　　　　　　　　　　　　单位：元

项　目	应付职工薪酬	代扣款项	实发工资
基本生产车间工人	76 000	7 600	68 400
基本生产车间技术人员	12 000	1 200	10 800
辅助生产部门人员	20 000	2 000	18 000
行政管理部门	30 000	3 000	27 000
销售部门	15 000	1 500	13 500
合　计	153 000	15 300	137 700

财务主管：　　　　　　　复核：　　　　　　　制表人：

表 2 - 11　　　　　　　　　　　**工资费用分配表**

9月　　　　　　　　　　　　　　金额单位：元

项　目		直接计入	分配计入工资				职工薪酬合计
			工时定额	定额工时	分配率	分配金额	
产品	甲产品生产工人		2 小时				
	乙产品生产工人		5 小时				
	小　计						
基本生产车间技术人员							
辅助生产部门人员							
行政管理人员							
销售人员							
合　计							

表 2 - 12　　　　　　　　　　　**各部门耗电情况记录**

9月　　　　　　　　　　　　　　金额单位：元

项　目	用电数量	电价	外购动力金额
基本生产车间产品用电	12 000		
基本生产车间照明	2 000		
辅助生产车间耗用	5 000	1.5	
行政管理部门耗用	800		
销售部门耗用	1 000		
合　计	20 800	1.5	

2

表 2 - 13   外购动力费用分配表

9 月   金额单位：元

项　　目		直接计入	分配计入				外购动力费用合计
			工时定额	定额工时	分配率	分配金额	
产品耗用	甲产品		2 小时				
	乙产品		5 小时				
	小　计						
基本生产车间耗用							
辅助生产部门耗用							
行政管理部门耗用							
销售部门耗用							
合　　计							

表 2 - 14   折旧费用分配表   单位：元

使用车间部门	房屋建筑物	生产设备	管理设备	合　　计
基本生产车间	8 000	22 000	3 000	33 000
辅助生产部门	3 000	8 000	2 000	13 000
管理部门	2 000		1 500	3 500
销售部门	1 000		1 200	2 200
合　　计	14 000	30 000	7 700	51 700

四、实训要求

根据以上数据填制各项费用分配表、编制会计分录、登记基本生产成本、辅助生产成本、制造费用、管理费用、销售费用明细账。

项目三　辅助生产费用的核算

学 习 指 导

任务一　认知辅助生产费用

一、辅助生产费用核算的含义与意义

(一)辅助生产费用核算的含义

辅助生产车间为生产产品或提供劳务而发生的原材料费用、动力费用、职工薪酬以及辅助生产车间的制造费用,称为辅助生产费用。为生产一定种类和一定数量的产品或提供劳务所耗费的辅助生产费用之和,构成该种产品或劳务的辅助生产成本。

(二)辅助生产费用核算的意义

(1)辅助生产产品和劳务成本的高低,影响着基本生产产品成本和经营管理费用,只有辅助生产产品和劳务的成本确定以后,才能计算和确定基本生产的产品成本。

(2)正确、及时地归集辅助生产费用,计算辅助生产成本,分配辅助生产费用,对于正确、及时地计算基本生产成本和归集经营管理费用,节约费用,降低成本具有重要的意义。

二、辅助生产费用核算的特点

(1)辅助生产费用的核算,包括辅助生产费用的归集和辅助生产费用的分配两个方面。

(2)辅助生产费用按照辅助生产车间以及产品和劳务类别归集的过程,也是辅助生产产品和劳务成本计算的过程;辅助生产费用的归集是为辅助生产费用的分配做准备的。只有先把辅助生产费用归集起来,才能够对其进行分配。

(3)辅助生产费用的分配,是指按照一定的标准和方法,将辅助生产费用分配到各受益单位或产品的过程。分配的及时性和准确性影响到基本生产产品成本、经营管理费用以及经营成果核算的及时性和准确性。辅助生产费用分配的核算是辅助生产费用核算的关键。

任务二　辅助生产费用的归集

一、辅助生产费用归集的程序

辅助生产费用归集的程序有两种。两者的区别在于辅助生产制造费用归集的程序

不同。

（1）辅助生产的制造费用与基本生产的制造费用一样，先通过"制造费用"账户进行单独归集，然后转入"辅助生产成本"账户，计入辅助生产产品或劳务的成本。当辅助生产车间提供两种以上产品或劳务时，必须采用这种方法。

（2）辅助生产的制造费用不通过"制造费用"账户单独归集，而直接记入"辅助生产成本"账户。

二、辅助生产费用归集的账务处理

（一）账户设置

辅助生产费用的归集和分配，是通过"辅助生产成本"账户进行的。该账户一般应按辅助生产车间设置明细账，若有需要，在车间下再按产品或劳务种类设三级明细账，账中按照成本项目或费用项目设立专栏进行明细核算。辅助生产发生的各项生产费用，应记入该账户的借方进行归集。

（二）辅助生产费用归集的账务处理

辅助生产费用归集的账务处理有以下两种方法。

1. 设置"制造费用——辅助生产车间"账户

如果企业设置专门的"制造费用——辅助生产车间"明细账归集辅助生产车间发生的制造费用，那么对于在"辅助生产成本"明细账中设有专门成本项目的辅助生产费用，如原材料费用、动力费用、职工薪酬费用等，应记入"辅助生产成本"总账和所属明细账相应成本项目的借方，其中，直接计入费用应直接计入，间接计入费用则需分配计入；对于未专设成本项目的辅助生产费用，先通过"制造费用——辅助生产车间"账户归集，然后再从该账户的贷方直接转入（若为一种产品或劳务）或分配转入（若为多种产品或劳务）"辅助生产成本"账户的借方。

2. 不设置"制造费用——辅助生产车间"账户

这种情况下，"辅助生产成本"总账和明细账内按若干成本费用项目设置专栏。对于发生的各种辅助生产费用，可直接记入或间接分配记入"辅助生产成本"总账以及所属明细账的相应成本费用项目。

任务三　辅助生产费用的分配

一、辅助生产费用分配的特点

辅助生产是为基本生产和其他部门服务的，根据受益原则，其发生的费用应由各受益部门承担，也即应将辅助生产发生的费用向各个受益部门进行分配。分配时有两种情况：

（1）生产多种产品的辅助生产车间，各种工具、模具等辅助生产明细账归集的费用，随着完工工具、模具的入库，其成本应转入低值易耗品等账户，在领用时，再按其用途将费用一次或分次计入企业的产品成本。

（2）只提供一种劳务或只进行同一性质作业的辅助生产车间，水、电、运输、机修等辅助生产明细账所归集的费用，应按照受益的产品和部门进行分配。

二、辅助生产费用分配的方法

分配辅助生产费用的方法很多，通常有直接分配法、交互分配法、代数分配法和计划成本分配法。

（一）直接分配法

直接分配法,是指不考虑各辅助生产车间之间相互提供劳务或产品的情况,而是将各种辅助生产费用直接分配给辅助生产以外的各受益单位。

直接分配法的费用分配率的计算如式 3-1 所示。

$$费用分配率=\frac{待分配的辅助生产费用}{接受分配的各外部单位耗用劳务数量之和} \qquad (3-1)$$

接收分配的各外部单位耗用劳务数量是指待分配辅助生产费用扣除各辅助生产部门相互之间提供的劳务数量。

直接分配法优缺点:采用这种分配方法,各辅助生产费用只进行对外分配,且分配一次,计算工作最简便,但分配结果不够准确,只宜在辅助生产内部相互不提供劳务或产品(或虽提供但不多)、不进行费用交互分配对辅助生产成本和企业产品成本影响不大的情况下采用。

（二）交互分配法

交互分配法,是指先根据各辅助生产车间、部门相互提供的劳务或产品的数量和交互分配前的费用分配率(单位成本),进行一次交互分配;然后将各辅助生产车间、部门交互分配后的实际费用(即交互分配前的费用加上交互分配转入的费用,减去交互分配转出的费用),再按对外提供劳务或产品的数量,在辅助生产车间、部门以外的各受益单位之间进行分配。

交互分配法的优缺点:一方面,由于辅助生产内部相互之间提供劳务全部进行了交互分配,因而提高了分配结果的准确性;另一方面,由于各种辅助生产费用都要计算两个费用分配率,进行两次分配,因而增加了计算工作量。同时,由于交互分配的费用分配率是根据交互分配以前的待分配费用计算的,不是各辅助生产的实际单位成本,因而分配结果也不很正确。

（三）代数分配法

代数分配法,是指先根据解联立方程的原理,计算辅助生产劳务或产品的单位成本,然后再根据各受益单位(包括辅助生产内部和外部各单位)耗用的数量和单位成本分配辅助生产费用。

代数分配法的优缺点:采用代数分配法,分配结果相对准确。但在分配以前要解联立方程组,如果辅助生产车间、部门较多,未知数较多,计算工作比较复杂,因而这种方法在计算工作已经实现电算化的企业中采用比较适宜。

（四）计划成本分配法

计划成本分配法,是指辅助生产为全部受益单位(含受益的其他辅助生产车间、部门在内)提供的劳务,都按劳务的计划单位成本进行分配,辅助生产车间实际发生的费用(包括辅助生产内部交互分配转入的费用在内)与按计划单位成本分配转出的费用之间的差额,即辅助生产劳务的成本差异,可以再分配给辅助生产以外各受益单位负担,但为了简化计算工作,一般全部计入管理费用。

计划成本分配法的优缺点:采用按计划成本分配法,各种辅助生产费用只分配一次,而且劳务的计划单位成本是已经确定的,不必单独计算费用分配率,减轻了核算工作量。由于

3

辅助生产的成本差异一般全部计入管理费用,各受益单位所负担的劳务费用都不包括辅助生产成本差异因素,因而还便于考核和分析各受益单位的成本,有利于分清企业内部各单位的经济责任。但是采用这种分配方法,辅助生产劳务的计划单位成本必须比较准确稳定。

习 题

任务一 认知辅助生产费用

一、判断题

1. 工业企业的辅助生产,是指只为基本生产车间提供服务而进行的产品生产和劳务供应。 ( )

2. 辅助生产车间生产的产品和提供的劳务有时也对外销售。 ( )

3. 为生产一定种类和一定数量的产品或提供劳务所耗费的辅助生产费用之和,构成该种产品或劳务的辅助生产成本。 ( )

4. 辅助生产产品和劳务成本的高低,影响着基本生产产品成本和经营管理费用。 ( )

5. 只有辅助生产产品和劳务的成本确定以后,才能计算和确定基本生产的产品成本。
( )

二、单项选择题

1. 为生产一定种类和一定数量的产品或提供劳务所耗费的辅助生产费用之和,构成该种产品或劳务的( )。

A. 辅助生产成本 B. 基本生产成本

C. 辅助生产费用 D. 生产费用

2. 辅助生产车间生产的产品或提供的劳务最主要的服务单位是( )。

A. 行政管理部门 B. 基本生产车间

C. 销售机构 D. 另一辅助生产车间

三、思考题

1. 辅助生产费用核算的意义有哪些?

2. 辅助生产费用核算的特点有哪些?

任务二 辅助生产费用的归集

一、判断题

1. 辅助生产费用的归集和分配,是通过"辅助生产成本"账户进行的。 ( )

2. "辅助生产成本"账户一般应按车间以及产品和劳务设立明细账(三栏式)。 ( )

3. 辅助生产的制造费用一律不通过"制造费用"账户单独归集,而直接记入"辅助生产成本"账户,计入辅助生产产品或劳务的成本。 ( )

4. 直接材料、直接人工等直接费用,直接计入辅助生产成本。 ( )

5. 辅助生产车间提供的动力等直接费用，应在"制造费用"账户归集后分别计入产品成本。　　　　　　　　　　　　　　　　　　　　　　　　　　（　　）

二、单项选择题

1. 如果辅助生产车间规模不大，制造费用不多，为了简化核算工作，其制造费用可以直接计入（　　　）。

A. 制造费用　　　　　　B. 辅助生产成本　　　　C. 基本生产成本　　　　D. 本年利润

2. "辅助生产成本"账户明细账的格式为（　　　）。

A. 三栏式　　　　　　　B. 借贷多栏式　　　　　C. 多栏式　　　　　　　D. 横线登记式

三、思考题

1. 简述辅助生产费用归集的程序。

2. 简述哪些费用应归集为辅助生产费用。

任务三　辅助生产费用的分配

一、判断题

1. 辅助生产费用的分配，应遵循谁受益谁负担的原则，分配方法力求简便、合理、易行。　　　　　　　　　　　　　　　　　　　　　　　　　　　　（　　）

2. 采用直接分配法分配辅助生产费用时，应考虑各辅助生产车间之间相互提供产品或劳务的情况。　　　　　　　　　　　　　　　　　　　　　　　　　（　　）

3. 采用顺序分配法分配辅助生产费用时，应将辅助生产车间之间相互提供劳务受益多的车间排列在前面先分配出去，受益少的车间排在后面后分配出去。　　（　　）

4. 采用交互分配法分配辅助生产费用时，对外分配的辅助生产费用，应为交互分配前的费用，加上交互分配时分配转入的费用。　　　　　　　　　　　　（　　）

5. 采用计划成本分配法，各种辅助生产费用只分配一次，且劳务的计划单位成本早已确定，故简化了计算工作。　　　　　　　　　　　　　　　　　　　（　　）

6. 采用计划成本分配法分配辅助生产费用时，辅助生产部门实际发生的费用与按计划成本分配的费用之间的差额，如果数额不大的话，可直接计入管理费用。　（　　）

二、单项选择题

1. 辅助生产费用的直接分配法宜在（　　　）的情况下采用。

A. 各辅助生产车间、部门之间相互受益程度有着明显顺序

B. 计算工作已经实现电算化

C. 企业的定额制度，各项计划管理比较健全

D. 辅助生产内部相互提供劳务或产品不多，且不进行交互分配对成本核算的影响不大

2. 直接分配法是将辅助生产费用（　　　）的方法。

A. 直接计入辅助生产产品成本

B. 直接分配给各受益单位

3

C. 直接记入"辅助生产成本"账户

D. 直接分配给辅助生产以外的各受益单位

3. 辅助生产费用交互分配法第一次分配是在(　　)之间进行分配。

A. 辅助生产以外各受益单位　　　　　B. 各受益单位

C. 各受益的基本生产车间　　　　　　D. 各受益的辅助生产车间

4. 辅助生产费用交互分配后的实际费用,再在(　　)。

A. 辅助生产以外受益单位之间分配　　B. 各受益单位之间分配

C. 各辅助生产车间之间分配　　　　　D. 各受益的基本生产车间进行分配

5. 各辅助生产分配法中,(　　)的结果最精确。

A. 直接分配法　　　B. 计划成本分配法　　C. 交互分配法　　　D. 代数分配法

6. 辅助生产各种分配方法中,能分清内部经济责任,有利于实行厂内经济核算的是(　　)。

A. 直接分配法　　　　　　　　　　　B. 交互分配法

C. 顺序分配法　　　　　　　　　　　D. 计划成本分配法

7. 采用按计划成本分配法分配辅助生产成本,辅助生产的实际成本是(　　)。

A. 按计划成本分配前的实际费用

B. 按计划成本分配前的实际费用加上按计划成本分配转入的费用

C. 按计划成本分配前的实际费用减去按计划成本分配转出的费用

D. 按计划成本分配前的实际费用加上按计划分配转入的费用,减去按计划成本分配转出的费用

8. 辅助生产费用分配采用计划成本分配法计算出的辅助生产成本差异,一般全部记入(　　)账户。

A. 辅助生产成本　　B. 制造费用　　　C. 基本生产成本　　D. 管理费用

三、多项选择题

1. 月份终了,辅助生产费用按一定分配标准分配给各受益对象,可以借记(　　　　)账户。

A. 管理费用　　　　B. 销售费用　　　C. 主营业务成本　　D. 在建工程

E. 基本生产成本

2. 辅助生产车间对各受益单位分配费用的方法有(　　　　)。

A. 生产工资比例法　　　　　　　　　B. 直接分配法

C. 交互分配法　　　　　　　　　　　D. 按年度计划分配率分配法

3. 辅助生产费用的交互分配法,在两次分配中的费用分配率分别是(　　　　)。

A. 费用分配率=待分配辅助生产费用÷该车间提供劳务总量

B. 费用分配率=待分配辅助生产费用÷对辅助生产车间以外提供劳务量

C. 费用分配率=(待分配辅助生产费用+交互分配转入费用-交互分配转出费用)÷该车间提供劳务总量

D. 费用分配率=(待分配辅助生产费用+交互分配转入费用-交互分配转出费用)÷对辅助生产车间以外提供劳务量

E. 费用分配率=待分配辅助生产费用÷对排列在其后的各车间、部门提供劳务量

4. 某企业采用代数分配法分配辅助生产费用。某月份供电车间的待分配费用为15 500

元,供电总量为 50 000 度,其中供水车间耗用 8 000 度;供水车间的待分配费用为 9 000 元,供水总量为 12 000 吨,其中供水车间耗用 2 000 吨。根据上述资料,应设立的方程式有( )。

A. $15\,500 + 8\,000x = 50\,000y$　　　B. $9\,000 + 8\,000x = 12\,000y$

C. $15\,500 + 2\,000y = 50\,000x$　　　D. $9\,000 + 2\,000y = 12\,000x$

5. 辅助生产费用按计划成本分配法进行分配的优点是( )。

A. 简化成本计算工作　　　　　　　B. 分配结果最准确

C. 便于考核辅助生产成本计划完成情况　　D. 便于考核各受益单位的成本

E. 有利于分清企业内部各单位的经济责任

四、思考题

1. 辅助生产费用的分配方法有哪些?

2. 辅助生产费用的分配方法各自有何优缺点? 各自的适用条件是什么?

五、业务题

1. 某企业设置供电、供气两个辅助生产车间。供电车间本月发生费用为 5 000 元,供电 25 000 度,其中:为供气车间供电 5 000 度,为生产甲产品供电 8 000 度,为生产乙产品供电 7 000 度,为基本生产车间照明用电 3 000 度,为企业管理部门供电 2 000 度。供气车间本月发生费用 3 000 元,供气总量为 12 000 m³,其中为供电车间供气 2 000 度,为基本生产车间供气 7 000 m³,为企业管理部门供气 3 000 m³。

要求:采用直接分配法分配供电、供气费用,并编制会计分录。("辅助生产成本"账户列示明细账户,辅助车间不设"制造费用"账户。)

2. 某企业设置供电和运输两个辅助生产车间(部门)。供电车间本月发生的费用为 30 000 元,供电 20 000 度。其中:为运输部门供电 1 000 度,为基本生产车间供电 15 000 度,为管理部门供电 4 000 度。运输部门本月发生的费用 20 000 元,提供运输 50 000 千米。其中:为供电车间提供运输劳务 5 000 千米,为基本生产车间提供运输劳务 35 000 千米,为管理部门提供运输劳务 10 000 千米。

要求:采用交互分配法计算供电、运输费用,并编制会计分录。

3. 某企业设有供电、运输两个辅助生产车间、部门,本月发生辅助生产费用、提供劳务量,如表 3-1 所示。

表 3-1　　　　　　　　　　辅助生产费用和劳务量表

辅助生产名称		供 电 车 间	运 输 车 间
待分配费用		5 040 元	9 000 元
劳务供应数量		2 100 度	7 500 千米
耗用劳务数量	供电车间	—	300 千米
	运输车间	100 度	—
	基本生产车间	1 800 度	6 600 千米
	管理部门	200 度	600 千米

要求：采用交互分配法编制辅助生产费用分配表，并编制交互分配和对外分配的会计分录，如表 3-2 所示。

表 3-2   辅助生产费用分配表

分配方向			交互分配			对外分配		
辅助生产车间名称			供 电	运 输	合 计	供 电	运 输	合 计
待分配费用								
劳务供应数量								
分配率（单位成本）								
辅助生产车间	运输	耗用数量						
		分配金额						
	供电	耗用数量						
		分配金额						
基本生产车间		耗用数量						
		分配金额						
管理部门		耗用数量						
		分配金额						
合 计								

4. 宏光机械厂供电车间和运输部门本月有关经济业务汇总如下：供电车间发生费用 35 000 元，供电 20 000 度，其中：为运输部门提供 3 000 度，为基本生产车间提供 16 000 度，为管理部门提供 1 000 度。运输部门发生费用 46 000 元，提供运输 40 000 吨·公里，其中：为修理车间提供 3 500 吨·公里，为基本生产车间提供 30 000 吨·公里，为管理部门提供 6 500 吨·公里。计划单位成本：供电单位成本 2 元/度，运输单位成本为 1.2 元/吨·公里。

要求：采用计划成本法分配供电、运输费用，并编制会计分录（辅助生产成本差异全部计入管理费用）。

项 目 实 训

一、实训目的

通过实训，使学生熟悉辅助生产费用归集与分配的程序，掌握分配的方法及其账务处理。

二、实训条件

1. 各种费用分配表；
2. 根据企业实际情况开设相关的总账、明细账；
3. 一定数量的记账凭证。

3

三、实训材料

宏达塑料制品公司设有蒸汽、供电2个辅助生产车间,3月发生的辅助生产费用、提供的劳务量,如表3-3所示。

表3-3　　　　　　　　　**辅助生产费用和劳务量表**　　　　　　　　　3月

辅助车间名称		蒸汽车间	供电车间
待分配费用		4 000元	8 000元
供应劳务数量		12 000 m³	16 000度
计划单位成本		0.30元	0.52元
耗用劳务数量	蒸汽车间	—	1 000度
	供电车间	2 000 m³	—
	基本一车间	6 000 m³	8 000度
	基本二车间	4 000 m³	7 000度

四、实训要求

分别采用直接分配法、交互分配法、代数分配法和计划成本分配法编制辅助生产费用分配表,并编制有关的记账凭证。

1. 直接分配法。直接分配法的具体内容如表3-4所示。

表3-4　　　　　　　**辅助生产费用分配表(直接分配法)**　　　　　　　3月

摘　要		蒸汽车间		供电车间		金额合计
		数　量	金　额	数　量	金　额	
产品、劳务数量及费用						
分配率						
直接对外分配	基本一车间					
	基本二车间					
合　计						

2. 交互分配法。交互分配法的具体内容如表3-5所示。

表3-5　　　　　　　**辅助生产费用分配表(交互分配法)**　　　　　　　3月

项　目		蒸汽车间			供电车间		
		供应数量	分配率	分配金额	供应数量	分配率	分配金额
分配前情况							
交互分配	蒸汽车间						
	供电车间						
分配后情况							

续　表

项　　目		蒸汽车间			供电车间		
		供应数量	分配率	分配金额	供应数量	分配率	分配金额
对外分配	基本一车间						
	基本二车间						
对外分配合计							

3. 代数分配法。代数分配法的具体内容如表 3-6 所示。

表 3-6　　　　辅助生产费用分配表（代数分配法）　　　　3月

摘　　要	蒸汽车间		供电车间		合　计
	数　　量	金　额	数　　量	金　额	
提供劳务数量、费用					
单位成本					
蒸汽车间					
供电车间					
基本一车间					
基本二车间					
合　　计					

4. 计划成本分配法。计划成本分配法的具体内容如表 3-7 所示。

表 3-7　　　　辅助生产费用分配表（计划成本分配法）　　　　3月

摘　　要		蒸汽车间		供电车间		合　计
		数　　量	金　额	数　　量	金　额	
提供劳务数量						
计划单位成本						
按计划成本分配	蒸汽车间					
	供电车间					
	基本一车间					
	基本二车间					
按计划成本分配合计						
原待分配费用						
分配转入费用						
实际费用合计						
实际费用与计划费用差异额						

项目四　制造费用和生产损失的核算

学 习 指 导

任务一　制造费用的归集

一、制造费用的含义与费用项目

(一) 制造费用的含义

制造费用是指工业企业为生产产品(或提供劳务)而发生的,应计入产品成本但没有专设成本项目的各项生产费用。

制造费用大部分是间接用于产品生产的费用,例如机物料消耗,车间管理人员、技术人员和辅助工人薪酬,车间生产用房屋及建筑物的折旧费、租赁费和保险费,车间生产用的照明费、取暖费、运输费、劳动保护费,以及季节性停工和生产用固定资产修理期间的停工损失等。

制造费用还包括直接用于产品生产,但管理上不要求或者核算上不便于单独核算,因而没有专设成本项目的费用,例如机器设备的折旧费、租赁费、保险费、生产工具摊销、设计制图费和试验检验费等。生产工艺用动力如果没有专设成本项目,也包括在制造费用中。

此外,制造费用还包括车间用于组织和管理生产的费用。这些费用具有管理费用的性质,但由于车间是企业从事生产活动的单位,它的管理费用与制造费用很难严格划分,为了简化核算工作,可作为制造费用核算。

注:按现行有关规定,车间发生的修理费不作为制造费用,而计入管理费用。

(二) 制造费用的项目

制造费用的项目一般应该包括:职工薪酬、折旧费、办公费、水电费、机物料消耗、劳动保护费、季节性和修理期间停工损失等。

二、制造费用归集的账务处理

(一) 账户设置

设置"制造费用"账户。制造费用发生时,记入本账户的借方,进行分配结转时,记入本账户的贷方,本账户月末一般无余额。

（二）账务处理

制造费用的归集按其记账依据不同可分为以下两种情况。

第一种情况：一般费用发生时，根据付款凭证或据以编制的其他费用分配表，借记"制造费用"账户，贷记"银行存款"或其他有关账户，如办公费、差旅费、劳动保护费等。

第二种情况：机物料消耗、燃料及动力费用、职工薪酬、折旧费等，在月末应根据转账凭证及汇总编制的各种费用分配表，借记"制造费用"账户，贷记"原材料""应付职工薪酬""累计折旧"等账户。

需要指出的是：如果辅助生产的制造费用是通过"制造费用"账户单独核算，则应比照基本生产车间制造费用的核算；如果辅助生产的制造费用不通过"制造费用"账户单独核算，应将其全部记入"辅助生产成本"账户。

任务二　制造费用的分配

一、基本和辅助生产车间的制造费用分配

（一）基本生产车间的制造费用分配

基本生产车间的制造费用分配按以下两种情况进行。

（1）在生产一种产品的车间中，制造费用是直接计入费用。制造费用应直接计入该种产品的生产成本。

（2）在生产多种产品的车间中，制造费用都是间接计入费用。应采用适当的分配方法，分配计入该车间各种产品的生产成本。

（二）辅助生产车间的制造费用分配

辅助生产车间单独核算制造费用时，在只生产一种产品或提供一种劳务的辅助生产车间，应将"制造费用——辅助生产"账户的制造费用数额，直接计入该种辅助生产产品或劳务的成本；在生产多种产品或提供多种劳务的辅助生产车间，归集在"制造费用——辅助生产"账户的制造费用，应采用适当的分配方法，分配计入各辅助生产产品或劳务成本。

二、制造费用分配的方法

制造费用分配的方法一般有：按生产工人工时、按机器工时、按生产工人工资、按耗用原材料的数量或成本、按直接成本（原材料、燃料、动力、生产工人工资及应提取的福利费之和）、按产品产量和年度计划分配率分配法。常见的方法如下：

（一）生产工人工时比例分配法

生产工人工时比例分配法是按照各种产品所用生产工人实际工时的比例分配制造费用。其分配的计算如式 4-1、式 4-2 所示。

$$制造费用分配率 = \frac{制造费用总额}{各种产品生产工时总数} \qquad (4-1)$$

$$某种产品应负担的制造费用 = 该产品的生产工时数 \times 分配率 \qquad (4-2)$$

按照生产工时比例分配制造费用，可以使产品负担制造费用的多少与劳动生产率的高低联系起来，是较为常见的一种分配方法。但是，如果生产单位生产的各种产品的工艺过程

机械化程度差异较大,采用生产工时作为分配标准,会使工艺过程机械化程度较低的产品(耗用生产工时多)负担过多的制造费用,致使分配结果不尽合理。这种方法适用于机械化程度较低,或生产单位内各种产品机械化生产程度大致相同的单位。

(二) 机器工时比例分配法

机器工时比例分配法是以各种产品生产所用机器设备的运转时间的比例作为分配标准分配制造费用的一种方法。其分配的计算如式 4-3、式 4-4 所示。

$$制造费用分配率 = \frac{制造费用总额}{各种产品耗用机器工时之和} \quad (4-3)$$

$$某种产品应负担的制造费用 = 该产品的生产耗用机器工时数 \times 分配率 \quad (4-4)$$

这种方法适合于对机械化、自动化程度较高的车间制造费用的分配。这是因为机械化、自动化程度低的产品,一般要比机械化、自动化程度高的产品耗用的机器工时多,而制造费用中机器设备的折旧费、修理费占有相当大的比重,这就使机械化、自动化程度低的产品负担了过多的机器设备折旧和修理费用。对机械化、自动化程度较高的车间的制造费用分配采用机器工时的标准比较合理。

(三) 生产工人工资比例分配法

生产工人工资比例分配法是以直接计入各种产品成本的生产工人实际工资的比例作为分配标准分配制造费用的一种方法。其分配的计算如式 4-5、式 4-6 所示。

$$制造费用分配率 = \frac{制造费用总额}{各种产品生产工人工资总额} \quad (4-5)$$

$$某种产品应负担的制造费用 = 该产品的生产工人工资总额 \times 分配率 \quad (4-6)$$

由于生产工人工资资料比较容易取得,因此采用这种标准分配比较简便。但是这种方法的使用前提是各种产品生产的机械化程度或需要生产工人的操作技能大致相同。否则,机械化程度低(用工多、生产工人工资费用高)的产品,需要生产工人操作技能高的产品也负担较多的制造费用,显然是不合理的。

(四) 年度计划分配率分配法

年度计划分配率分配法是指无论各月实际发生的制造费用是多少,各月各种产品成本中的制造费用均按年度计划确定的计划分配率分配的一种方法。年度内发生全年制造费用的实际数和产品的实际产量与计划分配率计算的分配之间的差额,到年终时按已分配比例分配计入 12 月份产品成本中。

其分配计算如式 4-7、式 4-8 所示。

$$年度计划分配率 = \frac{年度制造费用计划总数}{年度各产品计划产量的定额工时总数} \quad (4-7)$$

$$某月产品应负担的制造费用 = 该月该种产品实际产量的定额工时数 \times 年度计划分配率 \quad (4-8)$$

在按生产工人工时、生产工人工资和工时比例分配法下,"制造费用"账户一般没有期末余额。如果使用按年度计划分配率分配法,实际发生的制造费用与按年度计划分配率分配

4

转出的制造费用很有可能不一致,就会使"制造费用"账户平时可能有借方或贷方余额。

用年度计划分配率分配法,可随时结算已完工产品应负担的制造费用,简化分配手续,适用于季节性生产的企业车间。但采用这种方法,必须有较高的计划管理水平,否则计划分配率与实际发生额差异过大,就会影响制造费用分配的准确性。

三、制造费用分配的账务处理

制造费用不论采用以上的哪一种分配方法,分配的过程在实务中均是通过制造费用分配表来进行核算的。

(一)辅助生产部门"制造费用"分配的账务处理

关于辅助生产部门"制造费用"分配的核算见本书项目三相关内容。

(二)基本生产部门"制造费用"分配的账务处理

在"制造费用——基本生产×车间"账户的借方归集了基本生产车间的全部制造费用以后,再分配结转基本生产的制造费用,借记"基本生产成本"账户,贷记"制造费用——基本生产×车间"账户,并据以登记相应的明细账,例如分配由基本生产成本负担的制造费用,一方面要登记相关的产品成本明细账的"制造费用"成本项目;另一方面要登记相关的制造费用明细账。

通过上述制造费用的归集和分配,除了采用按年度计划分配率分配法的企业以外,"制造费用"总账账户和所属明细账都应没有月末余额。

任务三　生产损失的核算

一、废品损失的核算

(一)废品及废品损失的含义

废品,是指不符合规定的技术标准,不能按照原定用途使用,或者需要加工修复后才能使用的在产品、半成品和产成品。包括生产过程中发现的废品和入库后发现(由于生产加工过程造成)的废品。

废品按其修复的技术可能性和修复费用的经济合理性,分为可修复废品和不可修复废品两种。可修复废品,指废品经过修复可以使用,而且花费的修复费用在经济上是合算的废品;不可修复废品,是指不能修复或者所花费的修复费用在经济上不合算的废品。

废品损失,是指在生产过程中发现的、入库后发现不可修复废品的生产成本,以及可修复废品的修复费用,扣除回收的残料价值和应收赔款以后的净损失。

(二)废品损失核算的凭证和账户

(1)废品损失核算的凭证。与废品核算有关的凭证主要包括废品通知单、废品交库单、返修用料领料单等。

(2)废品损失核算的账户设置。"废品损失"账户借方反映可修复废品的修复费用和不可修复废品的已耗成本。对于不可修复废品的已耗成本应根据废品成本计算单登记。该账户贷方反映可修复废品和不可修复废品回收的残值和应向责任人索赔的数额,废品净损失应从贷方转至"基本生产成本"账户的借方。"废品损失"账户月末无余额。此账户应当分车间按产品的品种设置明细账,组织废品损失的明细核算。"废品损失"明细账应按成本项目分设专栏或专行,以反映废品损失的构成。

《企业会计准则第 1 号——存货》第九条规定:非正常消耗的直接材料、直接人工、制造费用以及不能归属于使存货达到目前场所和状态的其他支出,不计入存货成本,而应在发生时确认为当期损益。我国目前三种核算方法都将所有成本计入存货成本,并未区分正常消耗和非正常消耗。

(三) 可修复废品损失的核算

可修复废品损失,是指在修复过程中所发生的各项修复费用(一般包括修复期间发生的直接材料、直接人工和应分摊的制造费用),扣除回收的残料价值和应收赔款以后的净损失。

(四) 不可修复废品损失的核算

不可修复废品损失,是指不可修复废品的生产成本,扣除回收的残料价值和应收赔款以后的净损失。不可修复废品的成本与同种合格产品成本是同时发生的,并已归集计入该种产品的生产成本明细账中。为了归集和分配不可修复废品损失,必须首先计算废品的成本,将其从该种产品总成本中分离出来。

不可修复废品的生产成本,可按废品所耗实际费用计算,也可按废品所耗定额费用计算。

需要指出:通过上述账务处理,废品损失已归至"基本生产成本"总账及其明细账中的"废品损失"成本项目。这些废品损失通常只计入本月完工产品成本,而在产品、自制半成品一般不负担。这样可集中将本月的废品损失反映于本月完工产品,引起管理者重视。

二、停工损失的核算

停工损失,是指企业生产单位(分厂、车间或车间内某个班组)在停工期内发生的各项费用,包括停工期内发生的燃料及动力费、损失的材料费用、应支付的生产工人的工资及提取的福利费和应负担的制造费用等。对发生的停工损失,应根据不同情况作出相应的分配处理。由于自然灾害引起的停工损失,转作营业外支出;如原材料供应不足、机器设备发生故障,以及计划减产等原因发生的停工损失,在一定的期限内计入产品成本;超过规定期限的转作营业外支出。

单独核算停工损失的企业,应增设"停工损失"账户和"停工损失"成本项目。不单独核算停工损失的企业,不设"停工损失"账户和"停工损失"成本项目。停工期内发生的属于停工损失的各项费用,按停工的原因分别记入"制造费用"和"营业外支出"等账户。

习　题

任务一　制造费用的归集

一、判断题

1. 制造费用的归集和分配是通过"制造费用"账户进行的,该账户按不同的车间、部门设明细账。　　　　　　　　　　　　　　　　　　　　　　　　　　　(　　)

　　2. 制造费用都是间接生产费用。　　　　　　　　　　　　　　　　　　　（　　　）

　　3. 制造费用大部分是间接用于产品生产的费用，也有一部分直接用于产品生产，但管理上不要求单独核算，又不专设成本项目，可以直接计入产品生产成本。　（　　　）

　　4. "制造费用"账户是用来核算企业行政管理部门为组织和管理生产所发生的费用。

（　　　）

　　5. 制造费用分配标准的选择主要是考虑制造费用与产品的关系或制造费用与生产量的关系。　　　　　　　　　　　　　　　　　　　　　　　　　　　　　　（　　　）

二、单项选择题

　　1. 应付基本生产车间管理人员工资，记入（　　　）。

A. 基本生产成本 　　　　　　　　　　　B. 制造费用

C. 应付职工薪酬 　　　　　　　　　　　D. 管理费用

　　2. 下列（　　　）的水电费，应记入"制造费用"账户。

A. 基本生产车间生产甲产品 　　　　　　B. 基本生产车间日常用

C. 企业行政管理部门用 　　　　　　　　D. 销售部门耗用

三、多项选择题

　　1. 在生产一种产品的情况下，对"制造费用"成本项目，下列说法正确的是（　　　　　）。

A. 是间接生产费用

B. 既包括间接生产费用也包括没有专设成本项目的直接生产费用

C. 是直接生产费用 　　　　　　　　　　D. 是直接计入费用

E. 是直接费用 　　　　　　　　　　　　F. 是间接计入费用

　　2. 下列哪些费用可以计入产品成本（　　　　　）。

A. 管理费用 　　　　B. 财务费用 　　　　C. 制造费用 　　　　D. 销售费用

E. 直接人工

四、思考题

　　1. 制造费用包括哪些内容？如何分类？

　　2. 制造费用如何进行归集？

任务二　制造费用的分配

一、判断题

　　1. "制造费用"账户的金额最终要转入"基本生产成本"账户，故月末必然没有余额。（　　　）

　　2. 制造费用的所有分配方法中，分配结果"制造费用"账户期末都没有余额。　（　　　）

　　3. 制造费用年度计划分配率的计算式应该等于本期实际制造费用总额除以分配标准总额。　　　　　　　　　　　　　　　　　　　　　　　　　　　　　　（　　　）

　　4. 制造费用的分配方法及分配标准一经选定，便不能随意变动，以利各期进行分析对比。　　　　　　　　　　　　　　　　　　　　　　　　　　　　　　　（　　　）

5. 为了简化核算工作，应将各车间的制造费用汇总起来，在整个企业范围内统一分配。

(　　)

6. 制造费用完全由产品成本负担。　　　　　　　　　　　　　　　　(　　)

7. 用年度计划分配率法分配制造费用时，年度内如果发现全年的制造费用实际数和产量实际数与计划数发生较大差额时，也不能调整计划分配率。　　　　　(　　)

二、单项选择题

1. 下列各种方法中，属于制造费用分配方法的是(　　)。

A. 系数分配法　　　　　　　　　　　　B. 约当产量比例法

C. 按年度计划分配率分配法　　　　　　D. 车间成本比例法

2. 适用于季节性生产的车间分配制造费用的方法是(　　)。

A. 生产工时比例法　　　　　　　　　　B. 生产工资比例法

C. 机器工时比例法　　　　　　　　　　D. 年度计划分配率分配法

3. 制造费用分配以后"制造费用"账户一般应无余额，如有余额则是在(　　)。

A. 季节性生产的车间　　　　　　　　　B. 工时定额准确的产品

C. 机械化程度较高的车间　　　　　　　D. 各种产品生产机械化程度大致相同时

4. 某车间采用按年度计划分配率分配法进行制造费用的分配。年度计划分配率为每小时 4 元。3 月初"制造费用"账户贷方余额为 2 000 元，3 月份实际发生的制造费用为 15 000 元，实际产量的定额工时为 3 000 小时。该车间 3 月份分配的制造费用为(　　)元。

A. 10 000　　　　　　　　　　　　　　B. 13 000

C. 12 000　　　　　　　　　　　　　　D. 17 000

三、多项选择题

1. 制造费用的分配方法有(　　　　)。

A. 计划成本分配法　　　　　　　　　　B. 直接分配法

C. 生产工时比例法　　　　　　　　　　D. 机器工时比例法

E. 年度计划分配率比例法

2. 制造费用的分配不应该(　　　　)。

A. 在企业范围内统一分配　　　　　　　B. 按班组分别进行分配

C. 按车间分别进行分配　　　　　　　　D. 在所有车间范围内统一分配

E. 平均进行

3. 按年度计划分配率分配法分配制造费用后，"制造费用"账户(　　　　)。

A. 月末无余额　　　　　　　　　　　　B. 年末无余额

C. 月末可能有借方余额　　　　　　　　D. 月末可能有贷方余额

四、思考题

1. 制造费用有哪些分配方法？这些分配方法是如何对制造费用进行分配的？

2. 按年度计划分配率分配法有何特点？其优缺点和适用范围是什么？

五、业务题

1. 企业某生产车间生产甲、乙、丙 3 种产品,甲产品实耗生产工人工时 2 000 小时,乙产品实耗生产工人工时 800 小时,丙产品实耗生产工人工时 1 200 小时,该车间本月制造费用实际发生额为 64 600 元。

要求:根据上述资料,采用生产工时比例法计算分配各种产品应分担的制造费用。

2. 企业某生产车间本月份生产甲、乙、丙 3 种产品,共发生制造费 64 600 元,甲产品发生的生产工人的工资为 3 600 元,乙产品发生的生产工人的工资为 2 000 元,丙产品发生的生产工人的工资为 2 400 元。

要求:根据上述资料,采用生产工人工资比例法分配各种产品应负担的制造费用。

3. 某企业的第二生产车间全年计划制造费用额为 360 000 元,各种产品全年定额工时为 400 000 小时。12 月份甲产品实际产量的定额工时为 26 000 小时,乙产品实际产量的定额工时为 11 000 小时。年末核算时,该车间全年共发生制造费用 378 000 元。1—11 月份按计划分配率分配的制造费用甲产品为 244 800 元,乙产品为 107 100 元。

要求:根据上述资料,采用计划分配率法分配制造费用。

4. 某企业基本车间全年制造费用计划为 234 000 元,全年各种产品的计划产量:甲产品19 000 件,乙产品 6 000 件,丙产品 8 000 件。单件产品工时定额:甲产品 5 小时,乙产品 7 小时,丙产品 7.25 小时。本月份实际产量:甲产品 1 800 件,乙产品 700 件,丙产品 500 件。本月份实际发生的制造费用为 30 600 元。

要求:按年度计划分配率分配制造费用。

(1) 计算各种产品年度计划产量的定额工时;

(2) 计算年度计划分配率;

(3) 计算各种产品本月实际产量的定额工时;

(4) 各种产品本月应分配的制造费用;

(5) 编制制造费用分配的会计分录。

任务三　生产损失的核算

一、判断题

1. 产品入库后由于管理不善造成的产品变质、毁坏,作为废品损失核算。　　　(　　)

2. 产品销售后实行"三包"发生的费用,按现行制度,计入管理费用,不作为废品损失核算。　　　　　　　　　　　　　　　　　　　　　　　　　　　　　(　　)

3. 不可修复废品,是指不能修复的废品。　　　　　　　　　　　　　　　(　　)

4. 可修复废品,指废品经过修复可以使用,而且花费的修复费用在经济上是合算的废品。　　　　　　　　　　　　　　　　　　　　　　　　　　　　　　　(　　)

5. 非正常消耗的直接材料、直接人工、制造费用以及不能归属于使存货达到目前场所和状态的其他支出,不计入存货成本,而应在发生时确认为当期损益。　　　(　　)

6. 废品损失通常只计入本月完工产品成本,而在产品、自制半成品一般不负担。　(　　)

二、单项选择题

1. 以下属于废品核算范围的是(　　　　)。

A. 产品入库后由于管理不善造成的　　　　B. 生产过程中发现的废品

C. 可降价出售的等外品　　　　D. 产品售后返修品

2. 在我国现行各种核算方法下,不论是可修复废品的修复费用,还是不可修复废品的报废损失,也不论废品损失正常与否,最终由(　　　)负担。

A. 正品　　　　B. 在产品　　　　C. 全部产品　　　　D. 废品

3. 某产品的废品损失资料如下:修复废品耗用原材料1900元。耗用动力费用200元。修复废品应付工资300元。车间制造费用分配表反映修复废品分配额为500元,残值回收100元。则废品净损失为(　　　)元。

A. 2 900　　　　B. 2 800

C. 3 000　　　　D. 2 600

4. 单独设置"废品损失"账户适用于(　　　)。

A. 适合于小型企业或废品少的企业

B. 废损数额较大的企业

C. 适用于经常发生废品损失且损失数额较大的企业

D. 适用于任何企业

三、多项选择题

1. "废品损失"账户借方反映(　　　　)。

A. 可修复废品的修复费用

B. 不可修复废品的已耗成本

C. 可修复废品和不可修复废品回收的残值

D. 应向责任人索赔的数额

2. 与废品核算有关的凭证主要包括(　　　　)。

A. 废品通知单　　　　B. 废品交库单

C. 返修用料领料单　　　　D. 停工通知单

3. 不可修复废品的生产成本,可按(　　　)计算。

A. 废品所耗实际费用　　　　B. 废品所耗计划成本

C. 废品所耗预算费用　　　　D. 废品所耗定额费用

4. 不单独核算停工损失的企业,停工期内发生的属于停工损失的各项费用,按停工的原因分别记入(　　　)账户。

A. 制造费用　　　　B. 销售费用

C. 其他业务成本　　　　D. 营业外支出

四、思考题

1. 生产损失的类型有哪些?

2. 如何理解废品损失和停工损失的归集和分配方法?

五、业务题

根据企业生产业务资料,计算并编制出废品损失计算表(表4-1)。

表 4 - 1   废品损失计算表
（按实际成本计算）
车间名称：基本车间   11月   产品名称：甲铸件
废品数量：50 件   金额单位：元

项 目	数量/件	直接材料	生产工时	直接人工	制造费用	成本合计
费用总额	3 000	150 000	95 000	99 750	38 000	152 750
费用分配率		50		1.05	0.4	
废品成本	50	2 500	2 000	2 100	800	5 400
减：废品残料		900				900
废品损失		1 600	2 000	2 100	800	4 500

根据废品损失计算表,编制结转不可修复废品成本的会计分录。

项 目 实 训

一、实训目的

通过实训,使学生熟悉制造费用归集与分配的程序,掌握各项制造费用归集与分配的核算方法。

二、实训条件

1. 制造费用分配表；
2. 一定数量的记账凭证；
3. 多栏式明细账页。

三、实训材料

某工厂第一车间生产甲、乙两种产品,制造费用在这两种产品之间按生产工时比例进行分配。第二车间只生产丙产品,制造费用全部计入这种产品成本,两种产品的生产工时为：甲产品 14 000 小时,乙产品 10 370 小时。

11 月发生费用资料如下：

1. 耗用原材料(消耗性材料)：一车间 3 400 元,二车间 2 450 元；
2. 计提折旧：一车间 3 400 元,二车间 2 600 元；
3. 耗用低值易耗品(一次摊销)：一车间 1 700 元；
4. 车间管理人员薪酬：一车间 684 元,二车间 570 元；
5. 支付办公费：一车间 316 元,二车间 254 元；
6. 支付水电费：一车间 235 元,二车间 145 元；
7. 预提经营租入固定资产租金：一车间 1 200 元,二车间 600 元；
8. 根据辅助生产费用分配表资料：一车间应负担运输费用 820 元,二车间应负担运输费用 480 元；

9. 其他费用：一车间 430 元,二车间 360 元。

办公费、水电费、其他费用均用银行存款支付。

四、实训要求

1. 根据以上资料填制记账凭证；
2. 按生产工人实际工时比例分配制造费用,编制制造费用分配表,如表 4-2 所示；
3. 编制有关记账凭证并登记制造费用明细账。

表 4-2　　　　　　　　　　制造费用分配表

11 月

应借账户		制造费用		
总分类账户	明细分类账户	基本生产一车间	基本生产二车间	合　计
基本生产成本	甲产品			
	乙产品			
	丙产品			
合　计				

项目五　生产费用在完工产品与在产品之间的分配

学习指导

任务一　在产品的核算

一、在产品的确定

（一）在产品的概念

不同角度理解的在产品和完工产品如表 5 - 1 所示。

表 5 - 1　　　　　　　　　　不同角度理解的在产品和完工产品

产品状态	企 业 角 度	步骤或车间角度
在产品	正在加工步骤中的产品 完成某步骤、未完成所有步骤的半成品	正在加工步骤中的产品
完工产品	完成所有步骤的产成品	完成某步骤、未完成所有步骤的半成品 完成所有步骤的产成品

（二）在产品的日常核算

在成本计算实务中，在产品核算应同时具备账面核算资料和实际盘点资料，以便从账面上随时掌握在产品的动态，同时又可查清在产品的实存数量。

车间在产品收、发、结存的日常核算，通常是通过"在产品收发结存账"进行。

二、在产品的清查及账务处理

（一）在产品的清查

为了核实在产品实际结存数量，保证在产品账实相符，应该定期或不定期地进行在产品清查，以保护在产品的安全完整。

（二）在产品清查的账务处理

在产品发生盘盈时，按计划成本或定额成本应借记"基本生产成本"账户，贷记"待处理财产损溢"账户；按照规定核销时，应冲减制造费用，借记"待处理财产损溢"账户，贷记"制造费用"账户。

5

任务二　完工产品与在产品之间费用分配的核算

一、分配的原则

月初在产品成本、本月生产费用、本月完工产品成本和月末在产品成本四者之间的关系,可用式 5-1 表示。

$$\text{月初在产} + \text{本月生} = \text{本月完工} + \text{月末在产} \qquad (5-1)$$
$$\text{品成本} \quad \text{产费用} \quad \text{产品成本} \quad \text{品成本}$$

等式左边是已知数,等式右边是未知数。月初在产品成本和本月生产费用合计数就需要在完工产品与月末在产品之间进行分配。通常有如下两种方式:

(1) 先确定月末在产品成本,然后再计算完工产品成本(在产品在前、完工产品在后),如式 5-2 所示。

$$\text{本月完工} = \text{月初在产} + \text{本月生} - \text{月末在产} \qquad (5-2)$$
$$\text{产品成本} \quad \text{品成本} \quad \text{产费用} \quad \text{品成本}$$

(2) 按照一定的分配标准,同时计算完工产品与月末在产品成本(在产品、完工产品不分先后)。

二、分配的方法

企业应根据月末在产品数量的多少、各月月末在产品数量变化的大小、各项成本项目比重的大小、企业定额管理基础工作的好坏等情况,来选择确定适当的分配方法,部分分配方法如表 5-2 所示。

表 5-2　生产费用在完工产品与在产品之间分配的七种方法以及各自适用条件

七　种　方　法	在产品数量的多少	在产品数量变化的大小	各项费用比重	定额管理基础的好坏
不计算在产品成本法	很小			
按年初固定数计算法	较小或较大	变动不大		
在产品按所耗直接材料费用计算法	较大	较大	原材料比重大	
在产品按定额成本计算法		变动不大		定额准确、稳定
定额比例分配法		变动较大		定额准确、稳定
约当产量比例分配法	较大	较大	各项费用比重相差不多	
数量比例分配法	月末在产品已经接近完工,或者加工完毕,但尚未验收或包装入库的产品			

习　　题

任务一　在产品的核算

一、判断题

1. 企业所有产品均需要在月末将其生产费用的合计数在完工产品与在产品之间进行

分配。　　　　　　　　　　　　　　　　　　　　　　　　　　　　　　　（　　）

2. 从车间角度看,在产品是指正在某车间或某生产步骤中加工的在产品。（　　）

3. 从企业角度看,完工产品包括产成品和自制半成品。　　　　　　　　（　　）

4. 从企业角度看,在产品是指没有完成全部生产过程,不能作为商品销售的产品,包括正在车间加工中的在产品和已经完成一个或几个生产步骤、但还需继续加工的半成品。（　　）

5. 盘盈的在产品成本,经批准后应借记"管理费用"账户。　　　　　　　（　　）

二、单项选择题

1. 下列各项中,不应列入在产品的是(　　)。

A. 已验收入库的对外销售自制半成品　　B. 已验收入库的仍需加工的自制半成品

C. 正在车间加工的合格产品　　D. 正在车间返修的废品

2. 在产品发生盘盈时,记入(　　)账户的借方。

A. 生产成本　　B. 制造费用　　C. 管理费用　　D. 自制半成品

三、多项选择题

1. 在产品发生盘亏和毁损时,进行核销处理时,有可能记入的借方账户有(　　)。

A. 原材料　　B. 其他应收款　　C. 营业外支出　　D. 制造费用

2. 从车间角度看,应列入完工产品的是(　　)。

A. 本车间或步骤正在加工中的产品

B. 本车间或步骤加工完成,移交半成品库的产品

C. 本车间或步骤加工完成,移交下一步骤的产品

D. 产成品

四、业务题

某工业企业基本生产车间7月进行在产品清查,清查发现:零件A的在产品盘盈8件,单位产品单价320元/件;零件B的在产品盘亏3件,单位成本200元/件,查明原因,应由过失人赔款300元;零件C的在产品毁损8件,单位成本280元/件,由于当地发生洪涝灾害所致,残料入库价值80元,保险公司赔款1 000元,其余损失计入产品成本。以上事项均已批准转账。

要求:进行在产品清查的账务处理。

五、思考题

1. 完工产品与在产品如何区分?

2. 在产品数量核算的重要性表现在哪些方面?

任务二　完工产品与在产品之间费用分配的核算

一、判断题

1. 月末在产品按定额成本计价时,生产费用脱离定额的差异全部由完工产品负担。（　　）

2. 约当产量比例法只适用加工费用的纵向分配,不适用原材料费用的纵向分配。（　　）

3. 为了反映完工产品成本构成情况,分配生产费用,应按成本项目分别计算。　(　　)

4. 任何企业都可以采用定额比例法在完工产品与在产品之间分配生产费用。　(　　)

5. 采用固定成本计算在产品成本时,年内 1—11 月份,本月发生的生产费用等于完工产品成本。　　　　　　　　　　　　　　　　　　　　　　　　　　　　(　　)

二、单项选择题

1. 在产品不计算成本法,适用的情况是(　　)。

A. 各月月末完工产品数量变化很小　　　B. 各月月末在产品数量变化很大

C. 各月月末在产品数量很大　　　　　　D. 各月月末在产品数量很小

2. 完工与在产品之间费用分配采用定额比例法,适用的条件是(　　)。

A. 消耗定额比较准确、稳定　　　　　　B. 各月末在产品数量变化不大

C. 各月末在产品数量很少　　　　　　　D. 月末在产品接近完工

3. 某种产品成本中原材料费用比重很大,生产费用在完工产品与在产品之间分配应采用的方法是(　　)。

A. 不计算在产品成本法　　　　　　　　B. 在产品按年初固定数计算法

C. 在产品按所耗原材料计价法　　　　　D. 在产品按定额成本计算

4. 如果产品的消耗定额准确、稳定,各月末在产品数量变化不大,为了简化成本计算,月末在产品可以(　　)。

A. 按定额原材料费用计价　　　　　　　B. 按定额成本计价

C. 按所耗原材料费用计价　　　　　　　D. 按定额加工费用计价

5. 某企业甲产品经过三道工序制成,共耗工时 50 小时,其中,第一工序工时定额为 30 小时,每道工序按本工序工时定额的 50% 计算。本月第一工序在产品数量为 500 件,则第一工序在产品的约当产量为(　　)件。

A. 350　　　　　　B. 300　　　　　　C. 150　　　　　　D. 250

6. 某种产品需经过三道工序加工而成,第一至三工序的工时定额分别为 18 小时、16 小时、16 小时;则第三工序的完工程度为(　　)。

A. 80%　　　　　　B. 84%　　　　　　C. 100%　　　　　　D. 90%

7. 若原材料随加工进度陆续投入,月末在产品的投料程度与生产工时投入基本一致,则投料程度应根据(　　)计算。

A. 数量　　　　　　　　　　　　　　　B. 约当产量

C. 工时定额　　　　　　　　　　　　　D. 材料消耗量定额

8. 由于各道工序内部的完工程度不一致,有的已经接近完成,有的刚刚开工,为简化计算,对各工序内部在产品在本工序的加工程度可以按(　　)计算。

A. 50%　　　　　　　　　　　　　　　B. 100%

C. 工时定额　　　　　　　　　　　　　D. 材料消耗量定额

9. 下列方法中,不属于生产费用在完工产品与在产品之间分配的方法是(　　)。

A. 定额比例　　　　B. 定额成本　　　　C. 约当产量　　　　D. 交互分配

10. 按完工产品与月末在产品数量比例进行分配生产费用时,必须具有的条件是(　　)。

A. 在产品接近完工　　　　　　　　　　B. 原材料开始时一次性投入

C. 企业定额管理基础较好、定额稳定准确　D. 在产品数量较小

5

三、多项选择题

1. 确定完工产品与在产品之间费用分配方法时，应考虑的条件有（　　　　）。

A. 各月末在产品数量多少　　　　　　B. 各月末在产品是否接近完工

C. 各月末在产品数量变化大小　　　　D. 定额管理基础好坏

2. 采用约当产量比例法，必须正确计算在产品的约当产量，而在产品约当产量的计算正确与否取决于产品完工程度的测定，测定在产品完工程度的方法有（　　　　）。

A. 按50％平均计算各工序完工率　　B. 分工序分别计算完工率

C. 按定额比例法计算　　　　　　　　D. 按定额工时计算

E. 按原材料消耗定额

3. 分配计算完工产品和月末在产品的费用时，采用在产品按定额成本计价法所具备的条件是（　　　　）。

A. 各月末在产品数量　　　　　　　　B. 产品的消耗定额比较稳定

C. 各月末在产品数量变化比较小　　　D. 产品的消耗定额比较准确

E. 定额管理基础较好

4. 在某种产品各月末在产品数量很少，但各月之间变化很小的情况下，为了简化计算工作，其生产费用在该种产品的完工产品与在产品之间进行分配时，适宜采用的方法是（　　　　）。

A. 不计算在产品成本法　　　　　　　B. 在产品按固定成本计价法

C. 在产品按完工产品计算法　　　　　D. 在产品按定额成本计价法

5. 采用约当产量比例分配法分配生产费用时，在产品约当产量根据（　　　　）计算。

A. 投料程度　　　　　　　　　　　　B. 废品率

C. 完工程度　　　　　　　　　　　　D. 年度计划分配率

四、业务题

1. 某工业企业A产品的原材料在生产开始时一次投入，产品成本中的原材料费用所占比重很大，月末在产品按其所耗直接材料费用计价。该产品6月初在产品费用为10 000元；该月生产费用为原材料52 000元，直接人工费用8 000元，制造费用6 000元。该月完工产品250件，月末在产品100件。

要求：分配计算该月A产品的完工产品成本和月末在产品成本。

2. 某工业企业甲产品原材料费用定额8元，原材料在生产开始时一次投入。该产品各项消耗定额比较准确、稳定，各月在产品数量变化不大。

该种产品各工序工时定额和9月末在产品数量如表5-3所示。

表5-3　　　　　　　某企业甲产品工序工时定额和9月末在产品数量

工　序	本工序工时定额	在产品数量/件
1	2	150
2	3	100
合　计	5	250

每道工序在产品的累计工时定额，按上道工序累计工时定额，加上本工序工时定额的

50%计算。每小时费用定额为：人工费用1.50元/小时；制造费用2元/小时。

该种产品9月初在产品和9月份生产费用合计数为：原材料23 000元，人工费用19 000元，制造费用15 000元，共计47 000元。

要求：采用定额成本法分配完工产品与月末在产品成本。

3. 某产品经三道工序投料完成，完工产品材料消耗量定额为40千克，第一工序投入10千克，第二工序投入10千克，第三工序投入20千克。分别按以下要求计算各个工序投料程度。

要求：

（1）原材料在各个工序生产开始时一次性投入；

（2）原材料在各个工序生产开始后随加工进度陆续投入。

4. 某工业企业生产甲种产品，该产品各项消耗定额比较准确、稳定，各月在产品数量变化较大，原材料生产开始时一次性投入，9月份生产资料如下：月初在产品成本，直接材料11 200元，直接人工9 950元，制造费用8 300元；本月发生费用，直接材料88 900元，直接人工77 660元，制造费用67 800元；9月份完工产品2 800件，完工产品材料消耗定额20千克/件，工时定额16小时/件，在产品1 200件，在产品的完工程度50%。

要求：采用定额比例分配法将生产费用在月末在产品与完工产品之间分配。

5. 某工业企业C种产品的原材料随着生产进度陆续投入，其投入程度与加工进度完全一致，因而原材料费用和其他费用均按相同的约当产量比例分配。12月份该种产品完工100件；月末在产品80件，完工程度为50%，生产资料如下：月初在产品成本：直接材料3 500元，直接人工2 000元，制造费用2 500元，本月发生费用：直接材料16 300元，直接人工13 840元，制造费用15 980元。

要求：按约当产量比例分配计算完工产品和月末在产品的各项费用。

6. 某企业甲产品单位工时定额20小时，经过三道工序制成，各工序工时定额分别为4小时、8小时、8小时。各道工序内加工程度均按50%计算，原材料在生产开始时一次投入，本月完工产品200件。各工序在产品数量分别为20件、40件、60件。月初在产品与本月发生的生产费用合计数为：直接材料32 000元，直接人工15 960元，制造费用17 024元。

要求：

（1）分工序计算在产品完工程度与约当产量；

（2）采用约当产量比例分配法分配计算完工产品和月末在产品的各项费用。

五、思考题

1. 生产费用在完工产品与在产品之间分配有哪些方法？各种方法分别适用于哪些情况？

2. 如何确定产品的完工程度与投料程度？

3. 试比较在产品按定额成本计价法与定额比例法的异同点。

项 目 实 训

一、实训目的

通过实训，根据已知的资料选择适当的分配方法，掌握生产费用在完工产品和在产品之间的分配方法,以及各种方法分配的程序,学会编制各种分配计算表以及成本计算单。

二、实训条件

1. 已经归集完成的月初与本月生产费用的合计数等相关数据;
2. 企业产品生产的特点,核算要求等相关数据;
3. 各种成本计算单,分配表。

三、实训材料

泰力集团生产提供甲、乙、丙、丁四种产品分别由三个不同的生产分厂进行生产,一分厂生产甲产品、二分厂生产乙产品,三分厂基本生产一车间生产丙产品,基本生产二车间生产丁产品,9月已知的相关生产数据如下。

1. 一分厂生产甲产品,需要经过三道工序完成,原材料每道工序生产开始时一次性投入,9月完工产品800件,月末在产品400件,在产品在各工序内部加工程度50%,9月初在产品与本月发生生产费用相关资料如表5-4至表5-8所示。

表5-4　　　　　　　　　　　生产费用情况表
9月　　　　　　　　　　　　　　　　　　单位:元

项　　目	直接材料	直接人工	制造费用	合　　计
月初在产品成本	25 000	16 000	28 000	69 000
本月投入费用	80 000	36 000	40 000	156 000
生产费用合计数	105 000	52 000	68 000	225 000

表5-5　　　　　　　　　在产品数量以及定额资料
9月

工　序	在产品数量/件	材料消耗定额/千克	工时定额/小时
1	200	30	60
2	100	40	20
3	100	30	120
合　计	400	100	200

表5-6　　　　月末在产品直接人工、制造费用约当产量计算表

工　序	工时定额	月末在产品数量	在产品完工程度	在产品约当产量
1				
2				
3				
合　计				

表 5-7 　　　　　　　　月末在产品直接材料约当产量计算表

工　序	消耗量定额	月末在产品数量	在产品投料程度	在产品约当产量
1				
2				
3				
合　计				

表 5-8 　　　　　　　　　　　产品成本计算单

产品名称：甲产品　　　　　　　　　　　　9 月　　　　　　　　　　　　单位：元

项　　目	直接材料	直接人工	制造费用	合　计
月初在产品成本				
本月投入生产费用				
生产费用合计数				
月末在产品约当产量				
完工产品数				
约当产量合计数				
费用分配率				
完工产品总成本				
完工产品单位成本				
月末在产品成本				

2. 二分厂生产乙产品,所耗原材料费用在生产开始时一次投料,产品成本中原材料费用所占比重较大,月末在产品按所耗原材料费用计价。本月初在产品成本为 4 000 元。本月生产费用为:直接材料 18 000 元,直接人工 4 000 元,制造费用 3 000 元。本月完工产品 200 件,月末在产品 50 件。乙产品成本计算单如表 5-9 所示。

表 5-9 　　　　　　　　　　　产品成本计算单

产品名称：乙产品　　　　　　　　　　　　9 月　　　　　　　　　　　　单位：元

项　　目	直接材料	直接人工	制造费用	合　计
月初在产品成本				
本月投入生产费用				
生产费用合计数				
完工产品总成本				
完工产品单位成本				
月末在产品成本				

3. 三分厂基本一车间生产丙产品、基本二车间生产丁产品，三分厂产品的消耗定额准确、稳定，丙产品月末在产品数量变化不大，但丁产品各个月份月末在产品数量相差较大。

丙产品原材料在生产开始时一次投入。月末完工 320 件，单位产品原材料费用定额为 50 元，完工产品的工时定额 20 小时/件。月末在产品 80 件，工时定额 10 小时/件，每小时费用定额为：直接人工 6 元/小时，制造费用 10 元/小时。丙产品生产费用情况和产品成本计算单分别如表 5-10、表 5-11 所示。

表 5-10　　　　　　　　　　生产费用情况表

9 月　　　　　　　　　　　　　　　　单位：元

项　　目	直接材料	直接人工	制造费用	合　计
月初在产品成本	10 000	4 500	6 000	20 500
本月投入生产费用	14 000	8 000	12 000	34 000
生产费用合计数	24 000	12 500	18 000	54 500

表 5-11　　　　　　　　　　产品成本计算单

产品名称：丙产品　　　　　　　　9 月　　　　　　　　单位：元

项　　目	直接材料	直接人工	制造费用	合　计
月初在产品成本（定额成本）				
本月投入生产费用				
生产费用合计数				
完工产品总成本				
完工产品单位成本				
月末在产品成本（定额成本）				

丁产品本月月末完工 300 件，单位产品原材料费用定额为 100 元/件，工时定额 20 小时/件，月末在产品 120 件，单位产品原材料费用定额为 80 元/件，工时定额 12 小时/件，每小时费用定额为：直接人工 3 元/小时，制造费用 4 元/小时。丁产品生产费用情况、产品成本计算单分别如表 5-12、表 5-13 所示。

表 5-12　　　　　　　　　　生产费用情况表

9 月　　　　　　　　　　　　　　　　单位：元

项　　目	直接材料	直接人工	制造费用	合　计
月初在产品成本	8 000	3 200	6 400	17 600
本月投入生产费用	24 000	16 000	20 000	60 000
生产费用合计数	32 000	19 200	26 400	77 600

表 5 – 13　　　　　　　　　　　　　**产品成本计算单**

产品名称：丁产品　　　　　　　　　　　　9 月　　　　　　　　　　　　单位：元

项　　目		直接材料	直接人工	制造费用	合　计
月初在产品成本					
本月投入生产费用					
生产费用合计数					
材料定额费用	完工产品				
	月末在产品				
定额工时/小时	完工产品				
	月末在产品				
费用分配率					
完工产品总成本					
完工产品单位成本					
月末在产品成本					

四、实训要求

1. 采用约当产量比例分配法将甲产品生产费用在完工产品与在产品之间分配；
2. 采用在产品只计算原材料的方法将乙产品生产费用在完工产品与在产品之间分配；
3. 采用定额成本法将丙产品生产费用在完工产品与在产品之间分配；
4. 采用定额比例分配法将丁产品生产费用在完工产品与在产品之间分配；
5. 根据以上分配结果，编制会计分录，登记生产成本明细账。

项目六　产品成本计算方法认知

6

学 习 指 导

任务一　了解生产特点和管理要求对产品成本计算的影响

一、企业的生产类型及其特点

(一) 生产按工艺过程特点划分

(1) 单步骤生产。单步骤生产一般属于简单生产,其工艺过程不可能或者不需要划分为几个生产步骤,属于生产一步完成,技术上的不可间断或生产地点不便分散进行,通常只能由一个企业整体进行。

(2) 多步骤生产。多步骤生产,又称复杂生产,是指生产工艺过程由若干个可以间断的、或可以分散在不同地点、不同时间进行的若干生产步骤所组成的生产,它可以在一个企业或车间内独立进行,也可以由几个企业或车间在不同的工作地点协作进行生产。

多步骤生产按产品生产过程加工方式的不同,又可分为连续式生产和装配式生产两类。

(二) 生产按生产组织特点划分

(1) 大量生产。大量生产是指不断地重复生产一种或者若干种产品的生产,其特点是生产的产品品种较少,而且比较稳定,生产具有不断重复性。

(2) 成批生产。成批生产是指按规定的规格和数量每隔一定时期生产一种或若干种产品的生产。

根据投产的批量大小,它又可分为大批生产和小批生产。

(3) 单件生产。单件生产是指根据各订货单位的要求,生产某种规格、型号、性能等特定产品的生产。

二、影响产品成本计算方法的因素

(一) 生产特点对成本计算方法的影响

(1) 对成本计算对象的影响。成本计算对象是指企业为了计算产品成本而确定的归集和分配生产费用的各个对象及成本费用的承担者。企业在进行成本核算时,首先应确定成本计算对象,按照确定的成本计算对象设置"基本生产成本明细账"和成本计算单,据以归集和分配每一成本计算对象所发生的费用。

　　在产品成本计算工作中有着三种不同的成本计算对象：① 以产品的品种为成本计算对象；② 以产品的批别为成本计算对象；③ 以产品生产步骤为成本计算对象。

　　成本计算对象的确定，除了要考虑企业的生产类型外，还要考虑企业成本管理的要求。

　　(2) 对成本计算期的影响。产品成本计算期与会计结算期有时相一致，有时与产品的生产周期一致而与会计结算期不一致。影响成本计算期的主要因素是生产类型的特点。

　　(3) 对在产品成本计算的影响。生产类型的特点，还影响到月末在进行成本计算时有没有在产品，是否需要在完工产品与在产品之间分配费用的问题。

(二) 管理要求对成本计算方法的影响

　　单步骤生产或管理上不要求分步骤计算成本的多步骤企业生产，以品种或批别为成本计算对象归集和计算完工产品成本。

　　管理上要求分步骤计算半产品成本的多步骤生产，以生产步骤为成本计算对象归集和计算完工产品成本。

任务二　认知产品成本计算方法

一、产品成本计算基本方法

　　各种产品成本计算方法的使用范围如表 6 - 1 所示。

表 6 - 1　　　　　　　　　　成本计算基本方法的比较

项　　目		品　种　法	分　批　法	分　步　法
成本核算对象		产品品种	产品批别	各种产品及其经过的生产步骤
成本计算期		定期按月计算	不定期	定期按月计算
生产费用在完工产品与在产品之间分配		有在产品时，需要分配	一般不需要分配	通常有在产品时，需要分配
适用范围	生产组织类型	大量、大批生产	单件、小批生产	大量、大批生产
	生产工艺过程和管理要求	单步骤生产或管理上不要求分步骤计算成本的多步骤生产	单步骤生产或管理上不要求分步骤计算成本的多步骤生产	管理不要求分步骤计算成本的多步骤生产

二、产品成本计算的辅助方法

　　在实际工作中，由于产品生产情况复杂多样，企业管理条件差异很大，为了简化成本计算工作或较好地利用管理条件，还需要采用一些其他的成本计算方法，如定额法、分类法等成本计算方法，但这些成本计算方法都不是独立的成本计算方法，在进行成本计算时，必须结合使用三种基本方法当中的一种进行。

(一) 定额法

　　定额法是以产品的定额成本为基础，加上或减去脱离定额差异以及定额变动差异来计算产品的实际成本。定额法是在定额管理基础较好的企业，为了加强生产费用和产品成本

的定额管理,加强成本控制而采用的成本计算方法。它主要适用于管理制度比较健全、定额
管理工作较好、产品生产已经定型和消耗定额合理且稳定的企业。

(二) 分类法

分类法是以产品类别为成本计算对象归集生产费用,计算各类产品成本,然后按一定的
标准在同一类产品中计算各种产品成本的方法。它主要是在某些产品的品种、规格繁多的
工业企业中,为了简化成本计算工作而采用的一种简便的产品成本计算方法。

定额法和分类法也称为辅助成本计算方法。

三、各种产品成本计算方法的实际应用

(一) 几种成本计算方法同时使用

由于企业内生产的产品品种繁多,生产车间也很多,这样,就有可能产生几种成本计算
方法同时使用的情况。

有的企业不只生产一种产品,这些产品的特点不同,其生产类型也可能不同,应采用不
同的成本计算方法计算产品成本。

(二) 几种成本计算方法结合使用

一种产品的不同生产步骤,由于生产特点和管理要求不同,可以结合运用几种不同的成
本计算方法;在同一种产品的不同零件、部件之间,由于管理要求不同,也可以结合运用几种
不同的成本计算方法;一种产品的不同成本项目,可以结合采用几种不同的成本计算方法。

习　　题

任务一　了解生产特点和管理要求对产品成本计算的影响

一、判断题

1. 企业的生产按其工艺过程的特点划分,可分为单步骤和多步骤生产两类。　　(　　)
2. 在大量大批生产的企业里,成本计算期一般是在产品完工时进行计算。　　(　　)
3. 在单件小批生产的企业里其成本计算期一般是定期于月末进行计算。　　(　　)
4. 成本计算对象的确定,取决于企业的生产类型和管理要求。　　(　　)
5. 产品成本计算基本方法和辅助方法都可以根据企业的生产特点单独使用。　(　　)
6. 单件生产是指根据需要单位的要求,生产个别的、特定的产品,这种生产的产品品种
一般较少,而且很少重复生产。　　(　　)

二、单项选择题

1. 划分成本计算基本方法和辅助方法的标准是(　　　)。

A. 成本计算工作的繁简　　　　　　　B. 对计算产品实际成本是否必不可少
C. 对加强成本管理作用大小　　　　　D. 能否及时提供成本核算资料

2. 生产的特点和管理的要求对成本计算方法的影响主要表现在(　　　)。

A. 生产组织的特点　　　　　　　　B. 工艺过程的特点

C. 生产管理的要求　　　　　　　　D. 产品成本计算对象的确定

3. 在大量生产的企业里,要求连续不断地重复生产一种或若干种产品,因而管理上只要求而且也只能按照(　　　)计算成本。

A. 产品的批别　　　　　　　　　　B. 产品的品种

C. 产品的类别　　　　　　　　　　D. 产品的步骤

4. 区分各种成本计算基本方法的主要标志是(　　　)。

A. 间接费用的分配方法

B. 成本计算期

C. 成本计算对象

D. 完工产品与在产品之间分配费用的方法

5. 工业企业的(　　　)生产,是按照生产工艺的特点来划分的。

A. 单步骤　　　　　B. 大量　　　　　C. 大批　　　　　D. 单件

三、多项选择题

1. 受生产特点和管理要求的影响,产品计算对象包括(　　　　　)。

A. 产品品种　　　　B. 产品类别　　　　C. 产品批别　　　　D. 产品生产步骤

2. 企业在确定成本计算方法时,必须从企业的具体情况出发,同时考虑(　　　　　)。

A. 企业的生产特点　　　　　　　　B. 月末有无在产品

C. 企业生产规模　　　　　　　　　D. 成本管理的要求

四、思考题

1. 何为企业的生产工艺? 企业的生产按工艺流程的特点划分可分为几类?

2. 在计算产品成本时,应如何确定产品成本计算对象? 不同生产类型的企业成本计算对象应如何确定?

3. 成本管理要求对企业成本计算方法有什么影响?

任务二　掌握产品成本计算方法

一、判断题

1. 多步骤生产不能采用品种法。　　　　　　　　　　　　　　　　　　(　　)

2. 企业的供水、供电部门可以选择品种法核算成本。　　　　　　　　　　(　　)

3. 根据会计核算一致性原则,一个企业只能选择一种成本计算方法。　　　(　　)

4. 在一般情况下,品种法的成本计算期与生产周期是一致的。　　　　　　(　　)

5. 产品成本计算方法分为基本方法和辅助方法,是从计算产品实际成本是否必不可少的角度划分的。　　　　　　　　　　　　　　　　　　　　　　　　　　　(　　)

二、单项选择题

1. 在小批单件多步骤生产的情况下,如果管理上不要求分步计算产品成本,应采用的计算方法是(　　　)。

　　A. 分批法　　　　　　B. 分类法　　　　　　C. 定额成本法　　　　D. 分步法

　　2. 工业企业产品成本的计算最终是通过（　　　）账户进行的。

　　A. 制造成本　　　　　　　　　　　　　B. 基本生产成本

　　C. 制造费用　　　　　　　　　　　　　D. 辅助生产成本

　　3. 在定额管理制度比较健全，定额管理基础工作较好，产品生产定型，消耗定额合理且稳定的企业，选择（　　　）辅助方法核算产品成本。

　　A. 品种法　　　　　　B. 分批法　　　　　　C. 分类法　　　　　　D. 定额法

　　4. 在单件多步骤生产的情况下，若管理上不要求分步骤计算产品成本，应采用的成本计算方法是（　　　）。

　　A. 品种法　　　　　　B. 分批法　　　　　　C. 分步法　　　　　　D. 定额法

三、多项选择题

　　1. 产品和计算的基本方法包括（　　　　）。

　　A. 品种法　　　　　　B. 分步法　　　　　　C. 定额法　　　　　　D. 分批法

　　2. 产品和计算的辅助方法包括（　　　　）。

　　A. 品种法　　　　　　B. 定额法　　　　　　C. 分类法　　　　　　D. 分批法

　　3. 品种法一般适用于（　　　　）。

　　A. 大量大批的单步骤生产的企业

　　B. 单件小批生产的企业

　　C. 供电、供水等单步骤的辅助生产的企业

　　D. 大量大批多步骤生产下，管理上不要求按照生产步骤计算产品成本的企业

四、思考题

　　1. 简述各种成本计算基本方法的特点、区别和联系。

　　2. 比较分析成本计算辅助方法的特点和适用条件。

任务三　产品成本计算方法实例分析

业务题

　　1. 小李刚大学毕业，就到某家啤酒生产企业从事成本会计核算工作。小李通过一段时间的学习，归结出该公司啤酒生产过程为：啤酒生产工艺流程可以分为制麦工序、糖化工序、发酵工序、包装工序四个工序，这样就可以完成整个的生产流程。根据掌握的资料，小李认为该啤酒生产企业采用的是典型的分步骤生产方式，因此将其成本核算方法设计为分步成本计算法。

　　要求：

　　（1）这种分析设计是否科学合理，是否还有其他方法可供选择？

　　（2）实际核算工作中又应怎样实施呢？

　　2. 某汽车生产企业是新成立的股份制企业，主要生产低排量的小汽车，汽车的所有零部件都是由自己生产，而且每一种零部件都是在一个独立的生产车间生产。所产零部件大多是企业自己使用，也有部分对外出售；各零部件生产车间生产完成后都移交进入半成品

库,最后由装配部门从半成品库领取组装成产品对外出售。

　　要求:根据该企业生产特点,可以采用哪一种或哪几种产品成本计算方法? 请说明理由。

项 目 实 训

一、实训目的
　　通过实训,使学生了解各种产品成本计算方法的适用范围,掌握其实际运用。

二、实训条件
　　1. 熟悉该企业的生产经营情况;
　　2. 熟悉企业管理模式;
　　3. 掌握各种产品成本计算方法的适用范围。

三、实训材料
　　安徽双凤霞飞服装有限公司是开发区新办企业,主要生产金鸟西服和双鸭羽绒服。根据市场调研,企业的金鸟西服将有很大市场,决定大量生产;双鸭羽绒服季节性比较强,实行批量生产;另外,利用双鸭羽绒服生产线的剩余生产能力可接受羽绒被等产品的订单生产。李小斌是企业成立时新聘来的一名会计专业毕业的大学生,对成本核算没有经验,加上是新办企业又没有本企业的历史核算办法可以参考,因而不知采用什么方法去核算上述产品的成本。月底在即,厂长等着要内部报表,对外报表也不能拖延。请问你在了解了有关成本核算方法方面的知识后,如何帮李小斌提出解决的方案?

四、实训要求
　　1. 首先确定该企业生产类型和管理方式;
　　2. 然后根据你的判断,给出采用哪一种成本计算方法的建议;
　　3. 最后请写出这种成本核算方法的计算过程。

项目七 产品成本计算的品种法运用

学 习 指 导

任务一 了 解 品 种 法

一、品种法的概念与特点

(1) 以产品品种作为成本计算对象。品种法的成本计算对象是每种产品,因此,在进行成本计算时需要为每一种产品设置一张产品成本计算单。

(2) 按月定期计算产品成本。采用品种法计算产品成本的企业,从生产组织形式上看,是属于大量大批生产的组织形式,不可能在投产的各种产品全部完工之后才进行成本计算。因此,成本计算时期一般是定期按月进行的,与企业生产周期不一致,而与企业的会计报告期是一致的。

(3) 生产费用需要在完工产品与在产品之间进行分配。品种法的成本计算期与会计报告期一致,但与生产周期不一致,通常月末在产品数量较多时,则需将生产费用采用适当的方法在本月完工产品和月末在产品之间进行分配,从而计算出完工产品和月末在产品成本。

二、品种法的适用范围

品种法主要适用于大量大批单步骤生产类型的企业。

在大量大批多步骤生产的情况下,如果企业或车间的规模较小,或者按流水线组织生产,或者从原材料投入到产品产出的全部生产过程是集中封闭式生产,管理上不要求按照生产步骤计算产品成本,也可以采用品种法计算产品成本。

此外,辅助生产的供水、供气、供电等单步骤的大量生产,根据其生产特点和管理要求也可以采用品种法计算产品或劳务成本,把水、气和电作为成本计算对象。

三、品种法的成本计算程序

(一) 单一品种的品种法成本计算程序

在单一产品品种法下,可按照发生的费用项目设置"基本生产成本明细账"的专栏。各生产单位发生的全部生产费用都为直接费用。应根据原始凭证和各项费用分配表编制记账凭证,直接记入"生产成本明细账"的相应项目。月末汇总"生产成本明细账",编制"产品成本计算单",并计算完工产品总成本和在产品总成本,同时结转完工产品总成本。

(二)多品种的品种法成本计算程序

多品种的品种法计算具体程序如图7-1所示。

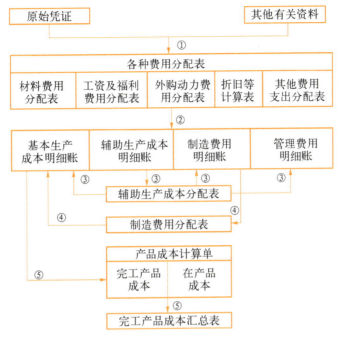

图7-1 多品种的品种法成本计算程序图

图示说明:

① 根据各项耗费的原始凭证和其他有关资料,分配各项要素费用,编制要素费用分配表。

② 根据各项耗费的原始凭证和其他有关资料,登记基本生产成本明细账及产品成本计算单、辅助生产成本明细账、制造费用明细账以及管理费用明细账等明细账。

③ 编制辅助生产成本分配表,归集辅助生产明细账的生产费用,采用适当方法分配给受益对象,并据以登记有关费用明细账。

④ 编制制造费用分配表,将制造费用明细账中归集的费用采用适当方法在各种产品之间进行分配,并据以登记基本生产成本明细账及产品成本计算单。

⑤ 将基本生产成本明细账及产品成本计算单中按成本项目归集的生产费用采用适当的方法在本月完工产品和月末在产品之间进行分配,确定完工产品和月末在产品成本;编制完工产品成本汇总表,计算各种完工产品的总成本和单位成本。

任务二 品种法实务处理

一、单一品种实务处理

第一步.按照产品品种设置有关成本明细账和成本计算单;

第二步.归集和分配本月发生的各项费用:分配燃料费用、分配材料费用、分配职工薪酬、分配水费、折旧费等其他费用;

第三步.登记生产成本明细账;

第四步.编制产品成本计算单。

二、多品种的品种法实务处理

第一步，按照产品品种设置有关成本明细账和成本计算单；

第二步，归集和分配本月发生的各项费用：分配材料费用、分配人工费用、计提固定资产折旧费用及摊销长期待摊费用，以现金和银行存款支付其他费用，根据各项要素费用分配表及编制的会计分录，登记有关成本明细账；

第三步，分配辅助生产成本费用；

第四步，分配基本生产车间制造费用；

第五步，计算本月完工产品成本和在产品成本。

习　　题

任务一　了解品种法

一、判断题

1. 品种法是各种产品成本计算方法的基础。　　　　　　　　　　　　　(　　)

2. 品种法主要适用于简单生产，因此也称为简单法。　　　　　　　　　(　　)

3. 品种法在大量大批多步骤的生产企业，无论其管理要求如何，均不适用。　(　　)

4. 品种法的成本计算期与会计报告期一致，与生产周期不一致。　　　　(　　)

5. 不论是什么组织方式的制造企业，什么生产类型的产品，也不论其成本管理要求如何，最终都必须按照产品品种计算出产品成本。　　　　　　　　　　　(　　)

6. 品种法按生产单位开设产品成本计算单。　　　　　　　　　　　　　(　　)

7. 单步骤生产都应采用品种法计算产品品种。　　　　　　　　　　　　(　　)

8. 采用品种法，应当按照产品品种分别设置生产成本明细账或产品成本计算单。(　　)

9. 采用品种法，不需要将生产费用在完工产品和期末在产品之间进行分配。　(　　)

二、单项选择题

1. 最基本的成本计算方法是(　　)。

A. 品种法　　　　　　B. 分批法　　　　　　C. 分步法　　　　　　D. 分类法

2. 品种法的特点是(　　)。

A. 不分批计算产品成本

B. 不分步计算产品成本

C. 既不分批又不分步计算产品成本

D. 既不分批又不分步，只分品种计算产品成本

3. 品种法的成本计算期与(　　)是不一致的，一般是按月进行的。

A. 生产周期　　　　B. 会计核算期　　　　C. 会计分期　　　　D. 生产日期

4. 品种法适用的生产组织是(　　)。

A. 大量成批生产　　　　　　　　　　B. 大量大批生产

C. 大量小批生产　　　　　　　　　　D. 单件小批生产

5. 采用品种法,生产成本明细账(或产品成本计算单)应当按照(　　　　)分别开设。

A. 产品类别　　　　　B. 生产单位　　　　　C. 产品品种　　　　　D. 产品步骤

6. 若企业只生产一种产品,则发生的费用(　　　　)。

A. 全部是直接计入费用　　　　　　　　　B. 全部是间接计入费用

C. 部分是直接计入费用　　　　　　　　　D. 部分是间接计入费用

7. 品种法的成本计算对象是(　　　　)。

A. 产品品种　　　　　　　　　　　　　B. 产品类别

C. 批别或订单　　　　　　　　　　　　D. 生产步骤

8. 下列企业中,最常采用品种法计算产品成本的是(　　　　)。

A. 纺织厂　　　　　　　B. 发电厂　　　　　　C. 制衣厂　　　　　　D. 钢铁厂

三、多项选择题

1. 品种法是产品成本计算最基本的方法,这是因为(　　　　　　　)。

A. 品种法计算成本最简单

B. 任何成本计算方法最终都要计算出各品种的成本

C. 品种法的成本计算程序最有代表性

D. 品种法需要按月计算产品成本

2. 产品成本计算品种法的适用范围是(　　　　　　　)。

A. 单步骤生产

B. 多步骤生产

C. 管理上不要求分步骤计算成本的多步骤

D. 大批生产

3. 下列企业中,适合运用品种法计算产品成本的有(　　　　　　　)。

A. 糖果厂　　　　　　　　　　　　　B. 饼干厂

C. 拖拉机厂　　　　　　　　　　　　D. 造船厂

4. 下列有关品种法的计算程序叙述中正确的有(　　　　　　　)。

A. 如果只生产一种产品,只需为这种产品开设一张产品成本明细账

B. 如果生产多种产品,要按照产品的品种分别开设产品成本明细账

C. 发生的各项直接费用直接计入各产品成本明细账

D. 发生的各项间接费用则采用适当的分配方法在各种产品之间进行分配

5. 品种法的特点有(　　　　)。

A. 以产品品种作为成本核算对象

B. 成本计算定期按月计算

C. 费用需要在完工产品和在产品之间分配

D. 成本不需要按月计算

四、思考题

1. 什么是品种方法? 其适用范围如何?

2. 品种法有哪些特点?

3. 说明品种法的成本计算程序。

任务二　品种法实务处理

业务题

1. 某企业生产甲、乙两种产品,产品计算采用品种法。共同耗用的原材料按定额消耗量比例进行分配;直接人工和制造费用按实际工时比例分配。5月有关资料如下:

（1）甲产品期初在产品成本:直接材料2 000元,直接人工1 500元,制造费用1 300元。

（2）乙产品无期初在产品成本。

（3）原材料费用分配,如表7-1所示。

表7-1　　　　　　　　　　　原材料费用分配表

产品名称	原材料A定额消耗量/千克	原材料A	
		分配率	实际成本/元
甲	4 000		
乙	6 000		
合　计	10 000		15 000

（4）直接人工、制造费用分配表,如表7-2所示。

表7-2　　　　　　　　　直接人工、制造费用分配表　　　　　　　金额单位:元

产品名称	实际工时	直接人工		制造费用	
		分配率	分配额	分配率	分配额
甲	30 000				
乙	20 000				
合　计	50 000		40 000		20 000

（5）甲产品系一次性投料逐步加工,完工产品和月末在产品的费用,按产量和约当产量比例分配。本月完工1 200件,期末在产品250件(完工程度60%)。

（6）乙产品完工产量800件,期末无在产品。

要求:

（1）编制原材料、直接人工和制造费用分配表;

（2）编制甲、乙两种产品成本计算单计算产品成本,如表7-3、表7-4所示;

（3）编制产品入库的会计分录。

表7-3　　　　　　　　　　　产品成本计算单

产品名称:甲产品　　　　　　　　　　5月　　　　　　　　　金额单位:元

摘　要	直接材料	直接人工	制造费用	合　计
月初在产品成本				
本月发生生产费用				
生产费用合计				

续 表

摘 要	直接材料	直接人工	制造费用	合 计
完工产品数量				
在产品约当量				
总约当产量				
分配率（单位成本）				
完工产品总成本				
月末在产品成本				

表 7 - 4　　　　　　　　　　　　**产品成本计算单**

产品名称：乙产品　　　　　　　　　　　5 月　　　　　　　　　　　金额单位：元

摘 要	直接材料	直接人工	制造费用	合 计
月初在产品成本				
本月发生生产费用				
生产费用合计				
完工产品数量				
在产品约当量				
总约当产量				
分配率（单位成本）				
完工产品总成本				
月末在产品成本				

2. 某小型企业生产甲产品这一种单一产品，是单步骤的大量生产，采用品种法计算产品成本，该企业设有一个基本生产车间，另设一个辅助生产车间——运输车间。辅助生产车间的制造费用直接进入"辅助生产成本"而不必通过"制造费用"账户核算。11 月份的生产资料，如表 7 - 5、表 7 - 6 所示。

表 7 - 5　　　　　　　　　　　　**生产费用资料**　　　　　　　　　　　单位：元

要素费用	甲产品生产用	基本生产车间耗用	运输车间	合 计
原材料	68 000	5 000	3 000	76 000
职工薪酬	12 000	2 100	4 800	18 900
折旧费	—	4 050	2 280	6 330
外购动力	3 600		1 200	4 800
待摊费用	—	2 500	1 200	3 700
其他费用	—	2 800	1 200	4 000

表7-6 　　　　　　　　　　　　　产 量 资 料

项　　　目	甲产品/件
期初在产品	0
本月投产	600
本月完工	600
月末在产品	0

要求：根据上述资料，按照单品种的品种法核算程序编制各种费用分配表；计算该产品的总成本，并编制相应的会计分录。

项 目 实 训

一、实训目的

练习产品成本计算的品种法。

二、实训材料

某企业有一个基本生产车间，大量生产甲、乙两种产品，另有一个辅助生产车间—运输车间，辅助生产车间的间接费用通过"制造费用"账户归集并核算。该厂采用品种法计算产品成本，设置直接材料、人工成本和制造费用三个成本项目。该企业5月有关产品产量及成本资料，如表7-7至表7-10所示。

表7-7 　　　　　　　　　　　月初在产品成本　　　　　　　　　　　单位：元

产　品	直接材料	直接人工	制造费用	合　　计
甲产品	7 680	6 592	3 570	17 842
乙产品	8 320	2 008	2 300	12 628

表7-8 　　　　　　　　　　　　　产 量 资 料　　　　　　　　　　　单位：件

项　　　目	甲产品	乙产品
期初在产品	340	280
本月投产	860	720
本月完工	800	600
月末在产品	400	400

表7-9 　　　　　　　　　　　定额消耗量、工时记录

部　　　门		生产工时/小时	运输里程/千米	定额消耗量/件
基本车间	甲产品	2 480		540
	乙产品	1 520		460
	一般耗用		6 000	
企业行政管理部门			4 000	

表 7－10   **生产资料费用**   单位：元

要素费用	甲产品生产用	乙产品生产用	甲乙产品共同耗用	基本生产车间耗用	辅助生产生产耗用	辅助生产一般用	合计
原材料	24 000	18 000	8 000	2 000	600	400	53 000
职工薪酬	—	—	68 400	4 788	6 612	2 850	82 650
折旧费	—	—	—	12 000	—	3 000	15 000
外购动力	—	—	—	14 200	—	12 800	27 000
预付费用	—	—	—	9 600	—	2 400	12 000
其他费用	—	—	—	15 800	—	4 200	20 000

材料在开工时一次投入，在产品的完工率为 50％，甲、乙两种产品共同耗用的材料按甲、乙产品的定额消耗量比例分配，直接人工、制造费用、按生产工时比例分配。辅助生产车间费用按修理工时比例分配。甲、乙两种产品采用约当产量计算完工产品成本和月末在产品成本（外购动力、办公费用及其他费用均采用银行存款支付）。

三、实训要求

根据上述资料，编制各种分配表，计算甲、乙两种产品的总成本和单位成本，并编制相应的会计分录。

1. 根据题中所给资料，编制产品共同耗用材料分配表，原材料费用分配表，如表 7－11、表 7－12 所示。

表 7－11   **产品共同耗用材料分配表**

5 月   金额单位：元

产品名称	分配标准	分配率	分配金额
甲产品			
乙产品			
合　计			

表 7－12   **原材料分配表**

5 月   单位：元

应贷账户	应　借　账　户					合计
	基本生产成本		辅助生产成本	制造费用		
	甲产品	乙产品	运输车间	基本车间	辅助车间	
原材料						

2. 根据工资等资料编制职工薪酬分配表，如表 7－13 所示。

表 7 – 13   **职工薪酬分配表**

5 月   金额单位:元

应 贷 账 户		应 借 账 户						
		基本生产成本			辅助生产成本	制造费用		合计
		甲产品	乙产品	小计		基本车间	辅助车间	
应付职工薪酬	分配标准/小时							
	分配率							
	分配金额							
	应付福利费						3	

3. 根据折旧资料编制固定资产折旧费用分配表,如表 7 – 14 所示。

表 7 – 14   **固定资产折旧费用分配表**

5 月   单位:元

应 贷 账 户	应 借 账 户		
	制造费用		合 计
	基本生产车间	辅助生产车间	
累计折旧			

4. 根据动力费用资料编制外购费用分配表,如表 7 – 15 所示。

表 7 – 15   **外购动力费用分配表**

5 月   单位:元

应 贷 账 户	应 借 账 户		
	制造费用		合 计
	基本生产车间	辅助生产车间	
银行存款			

5. 根据资料编制预付费用和其他费用分配表,如表 7 – 16 所示。

表 7 – 16   **预付费用及其他费用分配表**

5 月   单位:元

应 贷 账 户	应 借 账 户		
	制造费用		合 计
	基本生产车间	辅助生产车间	
其他应付款			
银行存款			

6. 根据上述各要素费用分配表登记辅助生产车间制造费用明细账,如表 7 – 17 所示。

表 7 – 17　　　　　　　　　　　　　制造费用明细账

车间名称：运输车间　　　　　　　　　　　　　　　　　　　　　　　　　　单位：元

摘　要	材料费	职工薪酬	折旧费	动力费	待摊费	办公费	合计
根据材料费用分配表							
根据职工薪酬费用分配表							
根据折旧费用分配表							
根据动力费用分配表							
根据预付及其他费用分配表							
合　计							
本月转出							

　　7. 根据上述有关费用分配表登记辅助生产成本明细账，如表 7 – 18 所示。

表 7 – 18　　　　　　　　　　　　　辅助生产成本明细账

车间名称：运输车间　　　　　　　　　　　　　　　　　　　　　　　　　　单位：元

摘　要	直接材料	直接人工	制造费用	合　计
根据材料费用分配表				
根据职工薪酬费用分配表				
根据制造费用分配表				
合　计				
本月转出				

　　8. 编制辅助生产费用分配表，如表 7 – 19 所示。

表 7 – 19　　　　　　　　　　　　　辅助生产费用分配表

5 月

项　目		制造费用	管理费用	合　计
运输车间	耗用量/小时			
	分配率			
	分配金额			

　　9. 根据上述资料，登记基本生产车间制造费用，如表 7 – 20 所示。

表 7 – 20　　　　　　　　　　　　　制造费用明细账

车间名称：基本生产车间　　　　　　　　　　　　　　　　　　　　　　　　单位：元

摘　要	材料费	职工薪酬	折旧费	动力费	待摊费用	运输费及其他	合计
根据材料费用分配表							
根据职工薪酬分配表							
根据折旧费用分配表							
根据动力费用分配表							

7

摘　　　要	材料费	职工薪酬	折旧费	动力费	待摊费用	修理费	合计
根据预付费用及其他费用分配表							
根据辅助生产费用分配表							
合　计							
本月转出							

10. 根据基本生产车间制造费用明细账及其他资料编制制造费用分配表,如表7-21所示。

表 7-21　　　　　　　　　　　　　制造费用分配表

车间名称:基本生产车间

应借账户		分配标准(生产工时)	分配率	分配金额/元
基本生产成本	甲产品			
	乙产品			
	合　计			

11. 根据有关资料,登记基本生产成本明细账,计算甲、乙产成品的总成本和单位成本,分别如表7-22、表7-23所示。

表 7-22　　　　　　　　　　　　　基本生产成本明细账

本月完工:800
月末在产品:400
单位:元

产品名称:甲产品

摘　　　要	直接材料	直接人工	制造费用	合　　计
月初在产品成本				
本月生产费用				
生产费用合计				
完工产品成本				
单位成本				
月末在产品成本				

表 7-23　　　　　　　　　　　　　基本生产成本明细账

本月完工:800
月末在产品:400
单位:元

产品名称:乙产品

摘　　　要	直接材料	直接人工	制造费用	合　　计
月初在产品成本				
本月生产费用				
生产费用合计				
完工产品成本				
单位成本				
月末在产品成本				

项目八　产品成本计算的分批法运用

任务一　了解分批法

一、分批法的概念与特点

（一）分批法的概念

产品成本计算分批法，也称为订单法，是指按照产品的批别或订单归集生产费用、计算产品成本的一种方法。

它主要适用于小批、单件单步骤或管理上不要求分步骤计算成本的多步骤生产的企业，在这种生产类型的企业中，生产活动一般是根据客户的订单来组织生产。

（二）分批法的特点

（1）以产品的批别或订单作为成本计算对象。分批法下，以产品的批别或订单作为成本计算对象。产品成本明细账要按照产品的批别或订货单位的订单来设置，并分别按成本项目来归集各批产品所发生的生产费用。

（2）成本计算期与产品的生产周期一致。采用分批法，产品的实际成本要在订单完工以后才计算，因而产品成本计算是不定期的，成本计算期与产品的生产周期一致，而与会计报告期不一致。所以，在分批法下，完工产品的成本，不仅包括报告月份发生的成本费用，还包括以前月份所发生的成本费用。

（3）一般不存在生产费用在完工产品和在产品之间进行的分配。在小批、单件生产下，由于完工产品成本计算期与生产周期一致，因而在月末计算产品成本时，一般不存在生产费用在完工产品和在产品之间进行分配的问题。

但在实际工作中，有时可能有跨月完工的情况，这时就有必要在完工产品和在产品之间分配生产费用，计算出完工产品成本和月末在产品成本。

如果完工产品数量占产品批量比例较小时，为简化核算工作，也可以按定额单位成本、计划单位成本或最近一期相同产品的实际单位成本计算产成品成本，从产品成本明细账中转出，剩余金额即为在产品成本。如果月内完工数量较大，为了正确计算完工产品成本，则应根据具体情况采用适当的分配方法（如约当产量法等）在完工产品和月末在产品之间分配生产费用。为了正确考核和分析该批产品成本计划的完成情况，在该批产品全部完工时，还应计算该批产品实际总成本和实际单位成本,但对已经转账的产成品成本,则不作账面调整。

为了使同一批产品尽量能够同时完工,避免跨月陆续完工的情况,在合理组织生产的前提下,企业可适当缩小每批产品的投产量,以准确提供当期生产产品的成本和核算资料。

二、分批法的适用范围

分批法主要适用于单件、小批单步骤或管理上不要求分步骤核算的多步骤生产的企业。

具体来说,分批法的使用范围主要包括:① 根据客户订单生产,经常变换产品品种的制造企业;② 承揽机器设备修理、修配劳务或生产的企业;③ 从事新产品试制、自制设备、辅助生产工具、自制模具等生产任务的生产单位或车间。

三、分批法的成本计算程序

在采用分批法计算产品成本时,其成本计算程序如下:

(1) 按批号(生产令号)设置生产成本明细账(产品成本计算单)。

(2) 按产品批别归集和分配本月发生的各项生产费用。

(3) 分配辅助生产费用。

(4) 分配基本生产车间的制造费用。

(5) 计算完工产品总成本和单位成本。

(6) 结转完工产品成本。

任务二　分批法实务处理

一、分批法举例

(1) 月初在产品成本。

(2) 当月发生成本。

(根据各种费用分配表,汇总各批产品本月发生的生产费用)

(3) 采用在完工产品和月末在产品之间分配费用的方法。

(4) 根据上述各项资料,登记各批产品成本明细账。

(5) 结转完工产品成本。

二、分批法实务处理

(一)企业基本情况

(1) 各批次产品产量、费用资料。

(2) 其他资料。

(二)任务分析

操作步骤:

(1) 产品成本计算。

(2) 完工产品成本结转账务处理。

任务三　简化分批法实务处理

一、简化分批法的特点

（一）简化分批法的概念

简化分批法也称为简单分批法，是指每月发生的各项间接计入费用，不按月在各批产品之间进行分配，而是将这些费用先分别累计起来，到某批产品完工时，按照完工产品的累计工时的比例，在各批完工产品之间再进行分配。

（二）简化分批法的特点

（1）必须设立基本生产成本二级账。采用简化的分批法，需要按批别设立生产成本明细账（产品生产计算单），同时必须开立基本生产成本二级账。

在各批产品完工之前，产品成本明细账（产品生产计算单）只需按月登记直接费用（例如直接材料）和生产工时，而不必按月分配、登记各项间接计入费用，计算各批在产品成本。

（2）增设生产工时专栏。为了计算完工批次的产品成本，在生产成本明细账和基本生产二级账中，应增设生产工时专栏，以反映各批产品的累计生产工时情况。

（3）各项间接计入费用只有在有完工产品的月份才进行分配。每月发生的各项间接计入费用（如直接人工、制造费用），不是按月在各批产品之间进行分配，而是先通过基本生产成本二级账进行归集，按成本项目累计起来，仅在有完工产品的月份，才将基本生产成本二级账中的间接计入费用，按照本月完工产品占全部累计工时的比例，在各批完工产品之间进行分配。对未完工的在产品则不分配间接计入费用，所负担的间接计入费用仍保留在基本生产成本二级账中。

（4）通过计算累计费用分配率来分配间接计入费用。对各批次完工产品分配累计间接费用，一般按照完工产品累计生产工时比例，通过计算全部产品累计间接计入费用分配率来完成。

简化分批法适用于生产批次较多，而各月完工的批数不多的情况。

二、简化分批法的计算程序

（1）按产品批别设立产品成本明细账（或产品生产计算单）和基本生产成本二级账。在账内增设生产工时专栏。

（2）根据要素费用分配表和有关的工时记录，分别登记基本生产成本二级账，并根据有关费用汇总表，登记产品成本明细账的直接材料和生产工时数。

（3）月末如果有完工产品，应根据基本生产成本二级账上的数据资料，计算累计间接计入费用分配率。

（4）根据各批完工产品的累计生产工时和累计间接计入费用分配率，计算各批次完工产品应负担的费用，将其加计汇总，计算出完工产品的成本。

（5）根据基本生产成本二级账记录的完工成本生产工时和应负担的间接计入费用，汇总登记基本生产成本二级账应转出的完工产品的成本和生产工时数。

（6）根据产品成本明细账和产品入库单，编制产成品入库的会计分录。

三、简化分批法的应用条件

（一）简化分批法的优点

简化分批法显然可以简化费用的分配和计算工作，尤其是在产品批次较多的情况下更

8

为明显，因此在各月的间接费用消耗水平较为均衡的情况下，计算结果较为准确，能满足成本管理的要求。

（二）简化分批法的缺点

该方法的运用也受到一些制约条件的限制，由于其间接费用的分配是以累计的间接费用分配率为依据进行分配的，因此，只有各个月的间接费用水平相差不大的情况下，才适宜采用该方法；否则，就会影响各月完工产品成本计算的正确性。

（三）简化分批法的应用条件

运用简单分批法必须同时具备两个条件：

（1）各月的间接费用消耗水平较为均衡。

（2）月末完工产品的批数较少。

习　　题

任务一　了解分批法

一、判断题

1. 由于每件或每批产品一般是根据客户的订单组织生产的，所以分批法也叫订单法。

（　　）

2. 采用分批法计算产品成本，只有在该批产品全部完工时才计算成本。　　（　　）

3. 如果一张订单的批量较大，可以分为几批组织生产。　　（　　）

二、单项选择题

1. 分批法成本计算的对象是（　　）。

A. 产品品种　　　　B. 产品批别　　　　C. 产品类别　　　　D. 产品生产步骤

2. 分批法适用于（　　）。

A. 小批生产　　　　B. 大批生产　　　　C. 大量生产　　　　D. 大量大批生产

3. 适合汽车修理企业采用的成本计算方法是（　　）。

A. 品种法　　　　　　　　　　　　　B. 分批法

C. 逐步结转分步法　　　　　　　　　D. 平行结转分步法

4. 辅助生产的工具模具制造，一般应采用（　　）。

A. 品种法　　　　B. 分步法　　　　C. 分类法　　　　D. 分批法

三、多项选择题

1. 在分批法下，企业划分产品批别的方法有（　　　　）。

A. 按照客户的订单来确定产品的批次

B. 按照企业的生产计划来确定产品的批次

C. 按照产品的品种来确定产品的批次

D. 按照产品的生产步骤来确定产品的批次

2. 采用分批法计算产品成本,作为某一成本计算对象的批别,可以按( )方法确定。

A. 同一订单中的多种产品
B. 同一订单中同种产品的组成部分
C. 不同订单中的同种产品
D. 不同订单中的不同产品
E. 本企业规定的产品批别

四、业务题

某企业采用分批法计算产品成本。该企业将不同日期投产的产品作为不同的批别,分别计算产品成本。6月5日投产甲产品2件,乙产品3件;6月15日投产甲产品4件,丙产品5件;6月25日投产乙产品6件;6月26日投产丙产品3件。

要求:该企业6月份应开设产品成本计算单的张数是多少?

五、思考题

1. 什么是成本计算的分批法?它适用于哪些企业?
2. 分批法成本计算对象如何确定?有什么特点?

任务二 分批法实务处理

一、判断题

采用分批法时,完工产品成本可能按计划单位成本或定额单位成本计算。 ( )

二、单项选择题

1. 下列各种产品成本核算方法,适用于单件、小批生产的是( )。

A. 品种法
B. 分批法
C. 逐步结转分步法
D. 平行结转分步法

2. 采用分批法时,对发生的生产费用( )。

A. 必须在完工产品与在产品之间分配
B. 不要在完工产品与在产品之间分配
C. 通常不需完工产品与在产品之间分配
D. 与采用品种法一样进行处理

三、多项选择题

1. 按照分批法计算产品成本( )。

A. 只反映报告月份前的累计发生费用
B. 只反映报告月份发生费用
C. 反映报告月份前的累计发生费用
D. 反映报告月份发生费用
E. 既反映完工产品成本,又反映在产品成本

2. 采用分批法计算产品成本,在批内产品跨月陆续完工不多的情况下,结转完工产品成本的方法可以按( )。

A. 定额单位成本计算
B. 计划单位成本计算
C. 近期同种产品实际单位成本计算
D. 暂不结转,待全部完工后一并计算
E. 实际单位成本计算

8

四、业务题

东方公司生产 101 甲、102 乙、103 丙三种产品,生产组织属于小批生产,采用分批法计算成本。

1. 3 月初在产品成本:

101 批号:甲产品直接材料 1 600 元,直接人工 800 元,制造费用 600 元;

102 批号:乙产品直接材料 2 400 元,直接人工 1 600 元,制造费用 1 000 元。

2. 本月生产情况:

101 甲产品为 2 月投产 4 件,3 月已全部完工验收入库;

102 乙产品为 1 月投产 5 件,3 月已全部完工验收入库;

103 丙产品为 3 月投产 6 件,本月尚未完工。

3. 本月各批号生产费用如下:

101 批号甲产品:直接人工 1 600 元,制造费用 1 200 元;

102 批号乙产品:直接材料 900 元,直接人工 800 元,制造费用 700 元;

103 批号丙产品:直接材料 1 200 元,直接人工 800 元,制造费用 500 元。

要求:根据上述资料,采用分批法登记各批产品成本明细账,如表 8 - 1 至表 8 - 3 所示。

表 8 - 1　　　　　　　　　　　产品成本计算单

批号:101　　　　　　　　产品名称:甲　　　　　　　　投产日期:2 月
购货单位:　　　　　　　　批量:4 件　　　　　　　　　完工日期:3 月
单位:元

摘　　要	直接材料	直接人工	制造费用	合　计
月初在产品成本				
本月生产费用				
生产费用合计				
完工产品成本				
完工产品单位成本				

表 8 - 2　　　　　　　　　　　产品成本计算单

批号:102　　　　　　　　产品名称:乙　　　　　　　　投产日期:1 月
购货单位:　　　　　　　　批量:5 件　　　　　　　　　完工日期:3 月
单位:元

摘　　要	直接材料	直接人工	制造费用	合　计
月初在产品成本				
本月生产费用				
生产费用合计				
完工产品成本				
完工产品单位成本				

表 8 − 3　　　　　　　　　　　**产品成本计算单**

批号：103　　　　　　　　产品名称：丙　　　　　　　投产日期：3 月
购货单位：　　　　　　　批量：6 件　　　　　　　　完工日期：
　　　　　　　　　　　　　　　　　　　　　　　　　　单位：元

摘　　要	直接材料	直接人工	制造费用	合　计
本月生产费用				
月末在产品成本				

五、思考题

1. 试述分批法的成本计算程序。
2. 成本计算的分批法有什么特点？

任务三　简化分批法实务处理

一、判断题

1. 简化分批法也叫不分批计算在产品成本的分批法。　　　　　　　（　　　）
2. 采用简化分批法，在每月间接计入费用相差悬殊的情况下，会影响成本计算的正确性。
　　　　　　　　　　　　　　　　　　　　　　　　　　　　　　　（　　　）

二、单项选择题

1. 采用简化的分批法，各批产品中完工产品与在产品之间分配间接计入费用是利用（　　　）。

A. 累计原材料费用分配率　　　　　　B. 累计生产工时
C. 累计间接计入费用分配率　　　　　D. 间接计入费用分配率

2. 下列方法中，必须设置基本生产成本二级账的是（　　　）。

A. 分类法　　　　　　　　　　　　　B. 简化的分批法
C. 定额法　　　　　　　　　　　　　D. 简化的品种法

3. 简化的分批法适用于（　　　）的企业。

A. 投产批数繁多，而且未完工批数较多
B. 投产批数繁多，而且完工批数较多
C. 投产批数繁多，而未完工批数较少
D. 投产批数较少，而未完工批数较多

三、多项选择题

采用简化的分批法（　　　　　）。

A. 必须设立基本生产成本二级账
B. 在生产成本二级账中只登记间接费用
C. 不分批计算在产品成本
D. 采用累计间接费用分配率分配间接费用
E. 在产品完工之前，产品成本明细账只登记直接计入费用和生产工时

8

四、业务题

1. 某产品制造业采用简化分批法计算产品成本。生产情况和生产费用资料如下所示：

(1) 5 月份生产的产品批号有：

401 批号甲产品 4 件，4 月份投产，5 月完工；

402 批号乙产品 8 件，4 月份投产，月末完工 2 件；

501 批号丙产品 5 件，5 月份投产，月末完工 1 件。

(2) 各批产品 5 月末累计直接材料费用和累计生产工时为：

401 批号甲产品直接材料费用 2 500 元，生产工时 60 小时；

402 批号乙产品直接材料费用 4 000 元，生产工时 50 小时；

501 批号丙产品直接材料费用 3 000 元，生产工时 40 小时。

(3) 各批产品 5 月末累计直接人工为 6 000 元，累计制造费用为 4 500 元；

(4) 各批产品完工产品与月末在产品有关资料为：

402 批号乙产品直接材料在生产开始时一次投入，在产品的完工率为 50%，生产工时采用约当产量比例法在完工产品与在产品之间分配；

501 批号丙产品直接材料在生产开始时一次投入，在产品的完工率为 50%，生产工时采用约当产量比例法在完工产品与在产品之间分配。

要求：根据上述资料，登记基本生产成本二级账和各批产品成本明细账，如表 8-4 至表 8-7 所示。

表 8-4　　　　　　　　　　　　基本生产成本二级账

（各批产品总成本）　　　　　　　　　　　　　单位：元

摘　　要	直接材料	生产工时	直接人工	制造费用	合　计
费用和工时累计					
累计间接计入费用分配率					
转出完工产品成本					
期末累计费用和工时					

表 8-5　　　　　　　　　　　　基本生产成本明细账

批号：401　　　　　　　　　　　　　　　　　　　　投产日期：4 月
产品名称：甲产品　　　　　　　　批量：4 台　　　　完工日期：5 月完工 4 件

单位：元

摘　　要	直接材料	生产工时	直接人工	制造费用	合　计
费用和工时累计					
累计间接计入费用分配率					
转出完工产品成本					
转出完工产品单位成本					

表 8 - 6

基本生产成本明细账

批号：402
产品名称：乙产品　　　　　　　　批量：8 台

投产日期：4 月
完工日期：5 月完工 2 件
金额单位：元

摘　要	直接材料	生产工时	直接人工	制造费用	合　计
费用和工时累计					
累计间接计入费用分配率					
转出完工产品成本					
转出完工产品单位成本					

表 8 - 7

基本生产成本明细账

批号：501
产品名称：丙产品　　　　　　　　批量：5 台

投产日期：5 月
完工日期：5 月完工 1 件
金额单位：元

摘　要	直接材料	生产工时	直接人工	制造费用	合　计
费用和工时累计					
累计间接计入费用分配率					
转出完工产品成本					
转出完工产品单位成本					

2. 某产品制造企业小批生产多种产品，该企业 9 月份的产品批号有：

902 批号乙产品 12 件，8 月投产，9 月完工 2 件；

903 批号丙产品 8 件，8 月投产，尚未完工；

904 批号丁产品 4 件，9 月投产，尚未完工。

各批号产品各月份发生的直接材料和工时的资料，如表 8 - 8 所示。

表 8 - 8

各批产品直接材料和工时

产品批号	月　份	直接材料/元	工时/小时
902	8	2 000.00	200
	9		100
903	8	1 800.00	150
	9	600.00	50
904	9	2 500.00	250

902 批号产品的直接材料在生产开始时一次投入，其完工 2 件的工时为 75 小时，在产品 10 件的工时为 225 小时。

8 月份该厂全部在产品的直接人工为 4 500 元，制造费用为 5 000 元。9 月份该厂发生的直接人工为 3 000 元，制造费用为 4 000 元。

要求：根据上述资料，登记基本生产成本二级账和各批产品成本明细账，如表 8 - 9 至表 8 - 12 所示。

8

表 8 - 9　　　　　　　　　　　　　**基本生产二级账**

（各批产品总成本）　　　　　　　　　　　　　　　　　　　　　　金额单位：元

月	日	摘　　要	直接材料	生产工时	直接人工	制造费用	合　计
8	31	在产品成本					
9	30	本月发生费用					
9	30	生产费用累计					
9	30	全部产品累计间接费用分配率					
9	30	本月完工产品转出					
9	30	月末在产品					

表 8 - 10　　　　　　　　　　　　　**产品成本明细账**

产品批号：902　　　　　　　　购货单位：大恒工厂　　　　　　投产日期：8 月
产品名称：乙产品　　　　　　　批量：12 件　　　　　　　　　完工日期：9 月完工 2 件
　　　　　　　　　　　　　　　　　　　　　　　　　　　　　金额单位：元

月	日	摘　　要	直接材料	生产工时	直接人工	制造费用	合　计
8	31	本月发生					
9	30	本月发生					
9	30	累计数及累计间接费用分配率					
9	30	本月完工产品转出					
9	30	完工产品单位成本					
9	30	在产品					

表 8 - 11　　　　　　　　　　　　　**产品成本明细账**

产品批号：903　　　　　　　　购货单位：兴华公司　　　　　　投产日期：8 月
产品名称：丙产品　　　　　　　批量：8 件　　　　　　　　　　完工日期：
　　　　　　　　　　　　　　　　　　　　　　　　　　　　　金额单位：元

月	日	摘　要	直接材料	生产工时	直接人工	制造费用	合　计
8	31	本月发生					
9	30	本月发生					

表 8 - 12　　　　　　　　　　　　　**产品成本明细账**

产品批号：904　　　　　　　　购货单位：东方集团　　　　　　投产日期：9 月
产品名称：丁产品　　　　　　　批量：4 件　　　　　　　　　　完工日期：
　　　　　　　　　　　　　　　　　　　　　　　　　　　　　金额单位：元

月	日	摘　要	直接材料	生产工时	直接人工	制造费用	合　计
9	30	本月发生					

　　3. 某工业企业产品成本计算方法采用简化分批法，8 月投产的产品批号及产品完工情况如下：

901 号：10 件，7 月 2 日投产，8 月 20 日完工，工时 1 200 小时；

902 号：5 件，7 月 5 日投产，8 月 30 日完工，工时 800 小时；

903 号：4 件，8 月 5 日投产，尚未完工，工时 500 小时。

要求： 根据相关资料，请计算表 8 - 13 中 A、B、C、D、E、F、G、H 各为多少？

表 8 - 13　　　　　　　　　　　产品成本明细账　　　　　　　　　　　金额单位：元

月	日	摘　　要	直接材料	生产工时	直接人工	制造费用	合　　计
7	31	月末余额	13 500.00	3 500	8 000.00	9 500.00	31 000.00
8	31	本月发生	11 500.00	2 500	10 000.00	14 500.00	36 000.00
8	31	累　　计	25 000.00	6 000	18 000.00	24 000.00	67 000.00
8	31	全部产品累计间接计入费用分配率			A	B	
8	31	本月完工产品转出	1 800.00	C	E	G	
8	31	月末在产品	6 500.00	D	F	H	

五、思考题

1. 什么是简化分批法？为何应用简化分批法进行成本计算？

2. 简化分批法有什么特点？

3. 试述简化分批法的成本计算程序。

项 目 实 训

一、实训目的

通过实训，根据已知的资料选择适当的成本计算方法，掌握简化分批法的计算程序，学会编制各种产品成本明细账。

二、实训条件

1. 已经归集完成的月初与本月生产费用的合计数等相关数据；

2. 企业产品生产的特点，核算要求等相关数据；

3. 各种成本计算单，分配表。

三、实训材料及要求

假设汇丰公司主要制造 C1 机床，采用简化分批法计算各批次产品成本。

1. 根据表 8 - 15 至表 8 - 21 背景材料，汇丰公司登记第一车间 C1 机床基本生产成本二级账（表 8 - 14）。（截至 5 月 31 日 022 批产品生产所需原材料已全部投入，计算结果保留 2 位小数，尾差计入在产品成本。）

表 8 - 14　　　　　　　　　　　　　　**基本生产成本二级账**

5 月　　　　　　　　　　　　　　　金额单位：元

月	日	摘　要	生产工时	直接材料	直接人工	制造费用	合　计
5	1	月初在产品成本					
5	31	本月发生费用					
5	31	累计费用发生额					
5	31	累计费用分配率					
5	31	完工产品成本					
5	31	月末在产品成本					

表 8 - 15　　　　　　　　　　　　　　**材料费用分配表**

5 月　　　　　　　　　　　　　　　单位：元

项　目		分配计入	直接计入	合　计
基本生产成本 C1 机床	021 批次		1 890.00	1 890.00
	022 批次		13 250.00	13 250.00
小　计			15 140.00	15 140.00
制造费用	机物料		12 000.00	12 000.00
管理费用	低值易耗品		15 000.00	15 000.00
销售费用	低值易耗品		25 000.00	25 000.00
合　计			67 140.00	67 140.00

表 8 - 16　　　　　　　　　　　　　　**工资费用分配表**

5 月　　　　　　　　　　　　　　　单位：元

项　目		直接计入	合　计
基本生产成本	一车间 C1 机床	64 000.00	64 000.00
制造费用		11 000.00	11 000.00
管理费用		15 000.00	15 000.00
销售费用		25 000.00	25 000.00
合　计		115 000.00	115 000.00

表 8 - 17　　　　　　　　　　　　　　**C1 机床工时耗用表**

5 月　　　　　　　　　　　　　　　单位：小时

月　份	021 批次	022 批次	合　计
3 月份	7 680		7 680
4 月份	9 920	35 470	45 390
5 月份	19 800	20 060	39 860
合　计	37 400	55 530	92 930

表 8 - 18　　　　　　　　　　　　　　C1 机床产量表

批　次	投 产 情 况		完 工 情 况	
	投产月份	投产产量/台	完工月份	完工产量/台
021	3 月	10	5 月	10
022	4 月	20	5 月	8

表 8 - 19　　　　　　　　　　　　　　材料耗用表

5 月　　　　　　　　　　　　　　　　　　　　　　单位：元

批　　次	021 批次	022 批次	合　　计
3 月份	6 500.00		6 500.00
4 月份	2 450.00	12 340.00	14 790.00

表 8 - 20　　　　　　　　　　　　　022 批次机床定额工时

5 月

项　　目	完工产品	在 产 品
数量/台	8	12
工时/小时	24 350	31 100

表 8 - 21　　　　　　　　　　　　C1 机床基本生产二级账

4 月　　　　　　　　　　　　　　　　　　　　　金额单位：元

月	日	摘　　要	生产工时	直接材料	直接人工	制造费用	合　　计
4	1	月初在产品成本	7 680	6 500	3 536.00	7 842.00	17 878.00
4	31	本月发生生产费用	45 390	14 790	31 824.00	68 830.00	115 444.00
4	31	累计费用发生额	53 070	21 290	35 360.00	76 672.00	133 322.00

8

　　2. 承接第 1 题，5 月 31 日，根据背景材料及上题计算出的累计分配率，汇丰公司编制表 8 - 22 所示的 021 批次 C1 机床的生产成本计算单（保留 2 位小数）。

表 8 - 22　　　　　　　　　　　　　产品成本计算单

批号：021 批次　　　　　　　　　　　　　　　　　　　　　　开工日期：3 月
产品名称：C1 机床　　　　　　　　　　　　　　　　　　　　完工日期：5 月
产量：10 台　　　　　　　　　　　　5 月　　　　　　　　　　金额单位：元

月	日	项　　目	直接材料	生产工时	直接人工	制造费用	合　　计
3	31	本月发生					
4	30	本月发生					

续　表

月	日	项　　目	直接材料	生产工时	直接人工	制造费用	合　计
5	31	本月发生					
5	31	累计分配费用					
5	31	本月完工产品					
5	31	完工产品单位成本					

3. 承接第 1 题,5 月 31 日,根据背景材料及第 1 题计算出的累计分配率,汇丰公司编制表 8-23 所示的 022 批次 C1 机床的生产成本计算单。(截至 5 月 31 日 022 批产品所需原材料已全部投入,单位成本保留 5 位小数,金额保留 2 位小数。)

表 8-23　　　　　　　　　　　　产品成本计算单

批号:022 批次　　　　　　　　　　　　　　　　　　　　　　　　开工日期:4 月
产品名称:C1 机床　　　　　　　　　　　　　　　　　　　　　　　完工日期:5 月
产量:20 台　　　　　　　　　　　　　5 月　　　　　　　　　　　金额单位:元

月	日	项　　目	直接材料	生产工时	直接人工	制造费用	合　计
4	30	本月发生					
5	31	本月发生					
5	31	累计分配费用					
5	31	本月完工产品					
5	31	完工产品单位成本					
5	31	月末在产品成本					

8

项目九 产品成本计算的分步法运用

学 习 指 导

任务一 了解分步法

一、分步法的特点

（1）成本计算对象。分步法的成本计算对象，是产品的各生产步骤和最终产成品。在计算产品成本时，应按产品的生产步骤和产品的品种设立产品成本明细账。

（2）成本计算期。在分步法下，生产成本计算期与生产周期不一致，而与会计报告期一致。

（3）生产费用在完工产品和在产品之间的分配。由于大量、大批多步骤生产的产品往往陆续完工，月末一般都既存在完工产品，又存在在产品，因此，要将生产费用在产成品（或半成品）和在产品之间进行分配。

（4）各步骤成本之间的结转。由于产品生产是分步骤进行的，上一步骤生产的半成品是下一步骤加工的对象。因此，为了计算各种产品的成本，还需要按照产品品种，结转各步骤成本。

分步法按照各步骤成本计算和结转方法的不同，相应地分为逐步结转分步法和平行结转分步法。

二、分步法的适用范围

产品成本计算的分步法适用于大量、大批多步骤生产，而且管理上要求分步计算产品成本的企业。

任务二 逐步结转分步法实务处理

一、逐步结转分步法的计算程序

逐步结转分步法，是指按照产品加工步骤顺序计算完工半成品成本，并随半成品实物的转移，逐步计算出完工产品成本的一种方法。

（1）设置产品成本明细账。在大量、大批连续式生产的企业中，生产一般是按照步骤（或车间）来划分的，其产品成本明细账可按照生产步骤来设置，据以汇集各步骤产品发生的各项生产费用。

（2）生产费用的归集与分配。产品成本明细账应按产品品种和各生产步骤设置，并按成本项目登记。

在逐步结转分步法下，因各步骤半成品成本是随着实物的转移而结转的，所以在成本明细账里，应设置自制半成品成本项目，以反映耗用上一步骤半成品的成本。

（3）在产品成本的计算。月末将各生产步骤中各种产品成本明细账上归集的全部生产费用，在完工的半成品（最后步骤是产成品）和在产品之间进行分配。

（4）结转各步骤半成品成本。各步骤在产品成本计算后，将全部生产费用扣除在产品成本，即得半成品成本。随着半成品实物转移到下一步骤继续加工（或交自制半成品仓库），半成品成本也转移到下一步骤（或半成品仓库），直到最后一个步骤计算出产成品总成本和单位成本。

逐步结转分步法适用于半成品需要对外销售，要求计算外售半成品成本，半成品成本具有独立的经济意义，或管理上要求提供半成品成本资料的大量、大批多步骤生产的企业。

采用逐步结转分步法按照结转半成品成本在下一步骤产品成本明细账中的反映方法不同，分为综合结转法和分项结转法两种。

二、半成品成本的综合结转法

半成品成本的综合结转法是指在逐步结转分步法下，将各步骤所耗用上一步骤半成品成本，以"直接材料"或专设的"自制半成品"成本项目，综合计入该步骤的产品成本明细账中。综合结转法又分为实际成本综合结转法与计划成本综合结转法。

（一）半成品按实际成本综合结转

（1）半成品不通过仓库收发，按实际成本计价逐步综合结转。半成品按实际成本综合结转，各步骤所耗用上一步骤的半成品成本，应根据所耗用半成品的实际数量乘以半成品的实际单位成本计算。

（2）半成品通过仓库收发，按实际成本计价逐步综合结转。在半成品实物通过仓库收发，按实际成本计价逐步综合结转时，各步骤所耗上一步骤的半成品成本，应根据所耗的半成品数量乘以半成品的实际单位成本来计算。各步骤所耗上步骤的半成品数量，应根据实际耗用量确定；半成品的实际单位成本，应根据生产该半成品的上一步骤的成本资料计算确定。

（二）半成品按计划成本计价综合结转

半成品按计划成本计价结转，是指半成品在各步骤间的结转及日常收发核算均按计划成本进行的一种结转形式。在期末半成品实际成本计算出来以后，根据计划成本与实际成本的差异计算出半成品成本差异率，调整所耗半成品的成本使之符合实际。

在半成品实物通过仓库收发，按计划成本计价综合结转时，各步骤所耗上一步骤的半成品成本，应根据所耗的半成品数量乘以半成品的计划单位成本来计算。各步骤所耗上步骤的半成品数量，应根据实际耗用量确定；半成品的计划单位成本，应根据年初制订的半成品计划单位成本确定。

（三）成本还原

所谓成本还原，就是从最后一个步骤起，把本月产成品耗用各步骤"自制半成品"的综合成本，逐步还原为直接材料、直接人工、制造费用等原始成本项目，从而求得按其原始成本项目表现的产品成本资料的一种方法。

通常成本还原的方法及计算步骤是：从最后一个步骤起，把各步骤所耗上一步骤半成品的综合成本，逐步向前推算分解，还原成直接材料、直接人工、制造费用等原始成本项目的金额，从而求得按原始成本项目反映的产成品成本资料。其计算公式如式 9-1 所示。

$$还原分配率=\frac{本月产成品所耗上一步骤半成品成本合计}{本月所产该种半成品成本合计} \tag{9-1}$$

该公式实际上是将本月产成品所耗上一步骤半成品的综合成本，按照本月所产该种半成品的成本结构进行还原，因为本月所产半成品成本合计包括了各个成本项目的客观比例。换句话说，也就是按所产半成品的各个成本项目比例进行还原分配。当然，第一次还原分配率的计算，由于是从最后步骤起，故为产成品所耗用，接下来的还原分配率的计算，则应转换为半成品所耗用。既然还原分配率是按本月所产半成品的成本项目比例求出的，那么以各个成本项目的本月金额数乘以还原分配率，就可以求出某步骤耗用上一步骤"自制半成品"成本中各该成本项目的还原数，其计算公式如式 9-2 所示。

$$某成本项目还原数=上一步骤本月所产该半成品某成本项目金额×还原分配率 \tag{9-2}$$

三、半成品成本的分项结转法

分项结转法是在各生产步骤中将上一步骤所耗用的半成品成本，按照成本项目分项转入各步骤成本明细账的各个成本项目中。

半成品成本分项结转，在实际操作中，大多采用按实际成本分项结转的方法。

四、逐步结转分步法的适用范围

（一）逐步结转分步法的优点

（1）它不仅可提供产成品成本资料，而且还可提供各步骤半成品成本资料。

（2）半成品成本随着实物转移而结转，有利于加强半成品和在产品的实物管理和资金管理。

（3）在综合结转方式下，还有利于对各加工步骤完工产品成本进行分析和考核。

（二）逐步结转分步法的缺点

（1）各加工步骤的半成品成本按加工顺序逐步结转，影响了成本计算工作的及时性。

（2）在综合结转方式下，如果要从整个企业角度分析产成品成本构成，成本还原工作量较大；在分项结转方式下，各步骤半成品成本结转的工作量较大。

（3）在分项结转方式下，不利于对各加工步骤完工产品成本进行分析和考核。

（三）逐步结转分步法的适用范围

逐步结转分步法一般应在半成品种类不多，逐步结转半成品成本工作量不大，或者半成品种类较多，但是管理上要求在提供各生产步骤半成品成本资料的情况下采用。

任务三　平行结转分步法实务处理

一、平行结转分步法的计算程序

（一）平行结转分步法的含义

平行结转分步法，是指在计算各步骤成本时，不计算各步骤所生产的半成品成本，也不

9

计算各步骤所耗上一步骤半成品成本,而只计算本步骤发生的各项费用,以及在月终时各步骤成本中应计入产成品成本的"份额",将相同产品各步骤成本明细账中的这些份额平行结转汇总,即可算出该种产品的完工产品成本。

(二)平行结转分步法的计算程序

在平行结转分步法下,不管半成品实物的流转程序如何,即不管半成品是否通过半成品仓库收发,都不需要设置"自制半成品"账户,因为此方法不计算各步骤的半成品成本。基于此,平行结转分步法的核算程序步骤如下:

(1)按各加工步骤的各种产品设置产品成本计算单,归集其在本步骤加工发生的各项费用,但不包括其所耗上一步骤的半成品成本。

(2)月末采用一定的方法将各加工步骤所归集的生产费用在最终完工的产品与在产品之间进行分配,计算出产成品应负担的各加工步骤的费用"份额"。

(3)将各加工步骤生产费用中应计入产成品成本的"份额"平行结转、汇总,计算出产成品成本。

(三)平行结转分步法的特点

(1)平行结转分步法下,各生产步骤不计算半成品成本,只核算本步骤所发生的各项生产费用以及应计入最终产成品成本的份额。

(2)采用这一方法,各步骤之间不结转半成品成本。不论半成品实物是在各生产步骤之间直接转移,还是通过半成品库收发,都不进行总分类核算。也就是说半成品成本不随半成品实物转移而转移。

(3)每月终了,将各步骤成本计算单上发生的生产费用选择适当的方法在完工产品和在产品之间进行分配。

这里的"完工产品"是指最终完工的产成品。"在产品"是指就整个企业而言的未完工产品,即广义在产品,具体包括:① 本步骤正在加工的在产品(亦称狭义在产品);② 本步骤完工转入以后各步骤但尚未最终产成的在产品;③ 本步骤完工转入半成品库的半成品。

(4)将各步骤费用中应计入产成品的"份额"平行结转、汇总,计算该种产成品的总成本和单位成本。

二、平行结转分步法的适用范围

(一)平行结转分步法的优点

(1)采用这种方法,各步骤可以同时计算产品成本,然后将应计入完工产品成本的份额平行结转、汇总计入产品成本,从而可以简化和加速成本计算工作。

(2)采用这一方法,一般是按成本项目平行结转,汇总各步骤成本中应计入产成品成本的份额,因而能够直接提供按原始成本项目反映的产品成本资料,不必进行成本还原,省去了大量繁琐的计算工作。

(二)平行结转分步法的缺点

(1)不能提供各步骤半成品成本资料及各步骤所耗上一步骤半成品费用资料,因而不能全面反映各步骤生产耗费的水平,不利于各步骤的成本管理。

（2）由于各步骤间不结转半成品成本，不利于各步骤的成本管理。

（三）平行结转分步法的适用范围

平行结转分步法只宜在半成品种类较多，逐步结转半成品成本工作量较大，管理上又不要求提供各步骤半成品成本资料的情况下采用；在采用时须加强各步骤在产品收发结存的数量核算，以便为在产品的实物管理和资金管理提供资料。

习　　题

任务一　了解分步法

一、判断题

1. 分步法的成本计算对象是产品的各生产步骤。　　　　　　　　　　（　　　）
2. 分步法适用于多步骤生产的企业，且企业要求计算各步骤生产成本。　　（　　　）

二、单项选择题

1. 产品成本计算的分步法是（　　　）。

A. 分车间计算产品成本的方法

B. 计算各步骤半成品和最后步骤产成品成本的方法

C. 按产品生产步骤计算产品成本的方法

D. 计算产品成本中各步骤"份额"的方法

2. 下列企业中，不适用分步法的是（　　　）。

A. 冶金　　　　　　　　　　　　　B. 纺织

C. 机械制造　　　　　　　　　　　D. 发电

三、多项选择题

1. 分步法可以分为（　　　　　）。

A. 逐步结转分步法　　　　　　　　B. 平行结转分步法

C. 综合结转分步法　　　　　　　　D. 分项结转分步法

2. 下列关于成本计算平行结转分步法的表述中，正确的有（　　　　　）。

A. 不必逐步结转半成品成本

B. 各步骤可以同时计算产品成本

C. 能提供各个步骤半成品的成本资料

D. 能直接提供按原始成本项目反映的产成品成本资料

四、思考题

1. 简述分步法的特点。
2. 简述分步法的适用范围。

9

任务二　逐步结转分步法实务处理

一、判断题

1. 采用逐步结转分步法,半成品成本的结转与半成品实物的转移是一致的,因而有利于半成品的实物管理和在产品的资金管理。　　　　　　　　　　（　　　）

2. 成本还原对象是还原前的产成品成本。　　　　　　　　　　（　　　）

3. 不论是综合结转还是分项结转,半成品成本都是随着半成品实物的转移而结转。（　　　）

二、单项选择题

1. 成本还原分配率的计算公式是(　　　)。

A. 本月所产半成品成本合计÷本月产品成本所耗该种半成品费用

B. 本月产品成本合计÷本月产成品所耗半成品费用

C. 本月产品成本所耗本步骤半成品费用÷本月所产该种半成品成本合计

D. 本月产品成本所耗上一步骤半成品费用÷本月所产该半成品成本合计

2. 采用逐步结转分步法,在完工产品与在产品之间分配费用,是指在(　　　)两者之间的费用分配。

A. 产成品与月末在产品

B. 完工半成品与月末加工中的在产品

C. 产成品与广义的在产品

D. 前面步骤的完工半成品与加工中的在产品,最后步骤的产成品与加工中的在产品

3. 成本还原的对象是(　　　)。

A. 产成品成本　　　　　　　　　　B. 各步骤所耗上一步骤半成品的综合成本

C. 最后步骤的产成品成本　　　　　D. 各步骤半成品成本

4. 采用分项结转分步法时,在产品应负担的上车间(步骤)转入的费用应该等于上车间转入费用除以上车间转入半成品数,再乘以(　　　)。

A. 在产品约当产量　　　　　　　　B. 在产品数量

C. 完工产品数量　　　　　　　　　D. 广义在产品数量

5. 采用逐步结转分步法,按照半成品成本在下一步骤成本明细账中的反映方法,可以分(　　　)。

A. 综合结转法和分项结转法　　　　B. 平行结转法和综合结转法

C. 实际成本结转法和计划成本结转法　D. 平行结转法和分项结转法

6. 进行成本还原时,应以还原分配率乘以本月(　　　)各个成本项目的费用。

A. 所产半成品　　　　　　　　　　B. 所产该种半成品

C. 所耗半成品　　　　　　　　　　D. 所耗该种半成品

三、多项选择题

1. 采用综合结转分步法,各步骤的产品成本明细账上能提供(　　　　)资料。

A. 按原始成本项目反映的产成品成本　B. 各步骤中上一步骤所耗用的半成品成本

C. 各步骤所生产的完工半成品成本　　D. 各步骤的未完工产品成本

2. **逐步结转分步法**（   ）。

A. 要计算最终产品的成本，还要计算各步骤的半成品成本

B. 分为综合结转和分项结转

C. 半成品成本与实物不分离

D. 半成品成本与实物相分离

四、业务题

1. 三一公司本月生产 A 产品 100 件。有关生产成本资料如表 9-1 所示。

表 9-1　　　　　　　　　　产品生产成本资料　　　　　　　　　　单位：元

项　　目	自制半成品	直接材料	直接人工	制造费用	合　　计
还原前产成品成本	30 400.00		12 840.00	1 170.00	44 410.00
本月所产半成品成本		36 480.00	13 960.00	10 360.00	60 800.00

要求：编制 A 产品成本还原计算表如表 9-2 所示，并计算出按原始成本项目反映的产成品成本。

表 9-2　　　　　　　　　　产品成本还原计算表

产品：A 产品
金额单位：元

项　　目	还原分配率	自制半成品	直接材料	直接人工	制造费用	合　　计
还原前产成品成本		30 400.00		12 840.00	1 170.00	44 410.00
本月所产半成品成本			36 480.00	13 960.00	10 360.00	60 800.00
产成品成本中半成品成本还原						
还原后产成品成本						

2. 长城工厂有两个生产车间，第一生产车间生产 A 半成品，第二生产车间再将 A 半成品加工为 B 产成品。产品成本计算采用逐步结转分步法。4 月份有关资料如下：

(1) 第一生产车间本月份完工 A 半成品 55 件（其中 50 件交第二生产车间继续加工，5 件交成品仓库），期末在产品 20 件，加工程度 75%，第一生产车间的生产是逐步投料，逐步加工。

(2) 第二生产车间本月份完工 B 产品 30 件，期末在产品 20 件，加工程度 50%，第二生产车间的生产是一次投料，逐步加工。

(3) 两个生产车间发生的生产费用，如表 9-3 所示。

表 9-3　　　　　　　　　　车间发生生产费用　　　　　　　　　　单位：元

摘　　要	直接材料	直接人工	制造费用
第一车间期初在产品成本	6 068.00	1 626.00	1 652.00
第一车间本期发生成本	22 450.00	4 310.00	3 640.00
第二车间本期发生成本		3 960.00	4 860.00

9

要求：

（1）计算第一生产车间 A 半成品的成本。表 9-4 为第一生产车间成本计算表。

（2）分别用综合结转和分项结转分步法计算第二生产车间 B 产成品成本。表 9-5、表 9-6 为第二生产车间综合结转和分项结转成本计算表。

（3）对综合结转分步法下的自制半成品进行成本还原，计算按原始成本项目反映的成本。表 9-7 为成本还原计算表。

表 9-4　　　　　　　　　　　　　第一生产车间成本计算表　　　　　　　　　　　　　单位：元

项　　目	直接材料	直接人工	制造费用	合　　计
期初在产品成本				
本月费用				
合　　计				
完工 A 半成品成本				
期末在产品成本				

表 9-5　　　　　　　　　　　　　第二车间成本计算单（分项结转）　　　　　　　　　　金额单位：元

项　　目	直接材料	直接人工	制造费用	合　　计
期初在产品成本				
本月分项投入				
本月发生				
合　　计				
约当产量合计				
分配率（单位成本）				
完工成品成本				
期末在产品成本				

9

表 9-6　　　　　　　　　　　　　第二车间成本计算单（综合结转）　　　　　　　　　　金额单位：元

项　　目	半成品	直接人工	制造费用	合　　计
期初在产品成本				
本月投入				
本月费用				
合　　计				
约当产量合计				
分配率（单位成本）				
完工成品成本				
期末在产品成本				

表9-7　　　　　　　　　　　　　　　　成本还原计算表　　　　　　　　　　　　　　　　单位：元

项　　目	还原分配率	自制半成品	直接材料	直接人工	制造费用	合　计
还原前产成品成本						
本月所产半成品成本						
产成品成本中 半成品成本还原						
还原后产成品成本						
产成品单位成本						

　　3. 红星工厂设有三个基本生产车间,产品按工艺技术过程系采取连续式生产。由第一车间先制成半成品,移转给第二车间继续加工后,移转给第三车间再继续加工成为产成品。6月份该厂甲产品有关成本资料如下：

　　本月份生产记录,如表9-8所示。

表9-8　　　　　　　　　　　　　　　　车间生产记录表　　　　　　　　　　　　　　　　单位：件

摘　　要	第一车间	第二车间	第三车间
月初在产品数量	50	100	
本月投入或上车间转入	590	580	600
本月完工转出数量	580	600	500
月末在产品数量	60	80	100

　　注：① 原材料系一次投料。
　　　　② 月初月末在产品施工程度均为50%。各车间月初在产品成本资料,如表9-9所示。

表9-9　　　　　　　　　　　　　　　各车间月初在产品成本　　　　　　　　　　　　　　单位：元

成本项目	第一车间	第二车间	第三车间
直接材料	2 730.00		
自制半成品		8 400.00	
直接人工	504.00	1 260.00	
制造费用	231.00	540.00	
合　　计	3 465.00	10 200.00	

　　各车间本月发生成本费用,如表9-10所示。

表9-10　　　　　　　　　　　　　各车间本月发生成本费用　　　　　　　　　　　　　单位：元

摘　　要		直接材料	直接人工	制造费用
第一车间	本月发生成本	22 040.00	8 040.00	5 000.00
第二车间	本月发生成本		9 300.00	4 740.00
第三车间	本月发生成本		6 240.00	4 680.00

9

要求：

（1）按车间分别设立产品成本明细账。

（2）登记月初在产品成本和本月发生成本。

（3）采用"逐步结转分步法"计算各生产车间完工产品和期末在产品成本。

（4）将"自制半成品"成本项目进行还原。

（5）编制"产品成本计算表"，如表 9 - 11 至表 9 - 13 所示。

表 9 - 11　　　　　　　　　　　第一车间成本计算单　　　　　　　　　　　单位：元

项　　　目	直接材料	直接人工	制造费用	合　　计
期初在产品成本				
本月费用				
合　　计				
完工半成品成本				
期末在产品成本				

表 9 - 12　　　　　　　　　　　第二车间成本计算单　　　　　　　　　　　单位：元

项　　　目	半成品	直接人工	制造费用	合　　计
期初在产品成本				
本月费用				
合　　计				
完工成品成本				
期末在产品成本				

表 9 - 13　　　　　　　　　　　第三车间成本计算单　　　　　　　　　　　单位：元

项　　　目	半成品	直接人工	制造费用	合　　计
期初在产品成本				
本月费用				
合　　计				
完工成品成本				
期末在产品成本				

9

表 9 - 14　　　　　　　　　　　成本还原计算表　　　　　　　　　　单位：元

项　目	还原分配率	B 半成品	A 半成品	直接材料	直接人工	制造费用	合　计
还原前产成品成本							
B 半成品成本							
第一次成本还原							
A 半成品成本							
第二次成本还原							
还原后产成品成本							
产成品单位成本							

五、思考题

1. 简述逐步结转分步法成本计算的具体程序。
2. 什么是成本还原？如何进行成本还原？

任务三　平行结转分步法实务处理

一、判断题

1. 在平行结转分步法下，在产品费用不按其发生地点登记，而按其所在地点登记。　（　　　）

2. 采用平行结转分步法，能够直接提供按原始成本项目反映的产成品成本资料，不必进行成本还原。　　　　　　　　　　　　　　　　　　　　　　　　　　　　（　　　）

二、单项选择题

1. 在平行结转分步法下，完工产品与在产品之间的费用分配，是指（　　　）之间的费用分配。

A. 产成品和广义的在产品
B. 产成品和狭义的在产品
C. 各步骤完工半成品和月末加工中的在产品
D. 转入半成品库的半成品和在月末加工中的在产品

2. 下列各种分步法中，半成品成本不随实物转移而结转的方法是（　　　）。

A. 按实际成本综合结转法
B. 按计划成本综合结转法
C. 平行结转分步法
D. 分项结转法

三、多项选择题

1. 采用平行结转分步法（　　　　　）。

A. 各步骤不能同时计算产品成本

9

B. 不能提供半成品成本资料

C. 费用结转与半成品实物转移脱节

D. 不能全面反映各生产步骤产品的生产耗费水平

2. 平行结转分步法下,第二步骤的在产品包括(　　　　　)。

A. 第一生产步骤完工入库的半成品

B. 第二生产步骤正在加工的半成品

C. 第二生产步骤完工入库的半成品

D. 第三生产步骤正在加工的半成品

四、业务题

1. 三星工厂设有甲、乙、丙三个车间,分别执行生产过程中的三个步骤,共同完成 A 产品。先由甲车间一次投料加工成为半成品,移转给乙车间再进行加工而成为乙车间的半成品,再移转给丙车间最后加工成为 A 产品,故生产过程是一次投料,逐步加工。

6 月份有关的资料如下:

生产记录,如表 9 – 15 所示。

表 9 – 15　　　　　　　　　　　　生 产 记 录　　　　　　　　　　　单位:吨

摘　　要	甲车间	乙车间	丙车间
月初在产品数量		20	
本月投入或上步转入	200	180	160
本月完工转出数量	180	160	150
月末在产品数量	20	40	10
月末在产品完工程度	50%	75%	60%

各车间月初在产品成本和本月发生的生产费用,如表 9 – 16 所示。

表 9 – 16　　　　　　　　　各车间月初和月末成本费用　　　　　　　　单位:元

	摘　　要	直接材料	燃料和动力	直接人工	制造费用
甲车间	月初在产品成本	2 160.00	280.00	780.00	460.00
	本月发生成本	22 040.00	3 080.00	8 040.00	5 000.00
乙车间	月初在产品成本		250.00	1 150.00	580.00
	本月发生成本		2 030.00	9 300.00	4 740.00
丙车间	月初在产品成本				
	本月发生成本		780.00	6 240.00	4 680.00

　　要求：根据上述资料，采用平行结转分步法计算 A 产品的总成本和单位成本。产品成本计算单，如表 9 - 17 至表 9 - 20 所示。

表 9 - 17　　　　　　　　　　　**甲车间产品成本计算单**　　　　　　　　　　金额单位：元

项　　目	直接材料	燃料和动力	直接人工	制造费用	合　计
月初在产品成本					
本月生产费用					
合　　计					
约当产量					
分配率					
产成品成本中本步骤份额					
月末在产品成本					

表 9 - 18　　　　　　　　　　　**乙车间产品成本计算单**　　　　　　　　　　金额单位：元

项　　目	直接材料	燃料和动力	直接人工	制造费用	合　计
月初在产品成本					
本月生产费用					
合　　计					
约当产量					
分配率					
产成品成本中本步骤份额					
月末在产品成本					

表 9 - 19　　　　　　　　　　　**丙车间产品成本计算单**　　　　　　　　　　金额单位：元

项　　目	直接材料	燃料和动力	直接人工	制造费用	合　计
月初在产品成本					
本月生产费用					
合　　计					
约当产量					
分配率					
产成品成本中本步骤份额					
月末在产品成本					

9

表 9 - 20   **A 产品成本汇总计算单**   单位：元

项 目	直接材料	燃料和动力	直接人工	制造费用	合 计
甲车间成本份额					
乙车间成本份额					
丙车间成本份额					
完工产品总成本					
完工产品单位成本					

五、思考题

1. 简述平行结转分步法成本计算的具体程序。
2. 逐步结转分步法与平行结转分步法有何不同？

项 目 实 训

一、实训目的

通过实训，根据已知的资料选择适当的成本计算方法，掌握平行结转分步法的计算程序，学会编制各种产品成本计算单。

二、实训条件

1. 已经归集完成的月初与本月生产费用的合计数等相关数据；
2. 企业产品生产的特点，核算要求等相关数据；
3. 各种成本计算单，分配表。

三、实训材料及要求

假设益力公司主要制造 C2 机床，采用平行结转分步法计算产品成本。

1. 根据背景材料(表 9 - 22 至表 9 - 25)编制第一车间 C2 机床半成品的成本计算表(表 9 - 21)。原材料在第一车间一次性投入。(分配率保留 4 位小数，金额保留 2 位小数，尾差计入月末在产品。)

表 9 - 21   **产品成本计算单**

产品名称：C2 机床半成品   4 月   金额单位：元

项 目	直接材料	直接人工	制造费用	合 计
月初在产品成本				
本月发生费用				
合 计				
完工产品数量				
广义在产品约当产量				

续　表

项　　目	直接材料	直接人工	制造费用	合　计
分配率				
完工产品成本				
月末在产品成本				

表 9 − 22　　　　　　　　　　　第一车间月初在产品成本　　　　　　　　　　单位：元

项　　目	直接材料	直接人工	制造费用	合　计
月初在产品	230 770.50	17 000.00	16 229.50	264 000.00

表 9 − 23　　　　　　　　　　　　材料费用分配表

4 月

金额单位：元

分配对象	成本费用项目	直接计入费用	分配计入			材料费用合计
			定额费用	分配率	分配金额	
第一车间 C2 机床	直接材料	136 000.00	144 000.00	0.07	10 080.00	146 080.00
管理部门	直接材料	2 000.00				2 000.00
第一车间一般耗用	机物料	1 000.00				1 000.00
	低值易耗品	800.00				800.00
	合　　计	1 800.00				1 800.00
第二车间一般耗用	机物料	10 400.00				10 400.00
	低值易耗品	12 350.00				12 350.00
	合　　计	22 750.00				22 750.00
第三车间一般耗用	机物料	11 800.00				11 800.00
	低值易耗品	10 800.00				10 800.00
	合　　计	22 600.00				22 600.00
合　　计		232 300.00			10 080.00	242 380.00

表 9 − 24　　　　　　　　　　　　工资费用分配表

4 月

单位：元

项　　目	成本项目	直接计入	分配计入		合　计
			分配标准	分配金额	
第一车间 C2 机床	直接人工		1 250.00	12 500.00	12 500.00
第二车间 C2 机床	直接人工		1 160.00	11 600.00	11 600.00
第三车间 C2 机床	直接人工	18 600.00			18 600.00
制造费用	第一车间	7 000.00			7 000.00
	第二车间	33 000.00			33 000.00
	第三车间	5 400.00			5 400.00

续　表

项　　目	成本项目	直接计入	分配计入		合　计
			分配标准	分配金额	
管理费用		35 000.00			35 000.00
合　计		99 000.00		24 100.00	123 100.00

表 9 − 25　　　　　　　　　　　　　　产 量 资 料

4 月
单位：件

项　　目	C2 机床		
	第一车间	第二车间	第三车间
月初在产品	792	480	240
本月投入	528	1 200	1 440
合　计	1 320	1 680	1 680
完工转出	1 200	1 440	1 320
月末在产品	120	240	360
完工程度	60％	50％	60％

2. 4 月 30 日，根据上述材料以及表 9 − 27，益力公司编制第二车间 C2 机床半成品的成本计算表（表 9 − 26）。（分配率保留 4 位小数，金额保留 2 位小数，尾差计入月末在产品。）

表 9 − 26　　　　　　　　　　　　产品成本计算单

产品名称：C2 机床半成品　　　　　　　4 月　　　　　　　　金额单位：元

项　　目	直接材料	直接人工	制造费用	合　计
月初在产品				
本月发生费用				
合　计				
完工产品数量				
广义在产品约当产量				
分配率				
完工产品成本				
月末在产品成本				

表 9 − 27　　　　　　　　　　　　第二车间期初半成品成本

单位：元

项　　目	直接材料	直接人工	制造费用	合　计
月初在产品		6 672.00	7 968.00	14 640.00

3. 4 月 30 日,根据上述材料以及表 9 - 29,益力公司编制第三车间 C2 机床产成品的成本计算表(表 9 - 28)。(本月发生的制造费用均已入账,分配率保留 4 位小数,金额保留 2 位小数,尾差计入月末在产品。)

表 9 - 28　　　　　　　　　　　　　　产品成本计算单

产品名称:C2 机床产成品　　　　　　　　　4 月　　　　　　　　　　金额单位:元

项　目	直接材料	直接人工	制造费用	合　计
月初在产品				
本月发生费用				
合　计				
完工产品数量				
广义在产品约当产量				
分配率				
完工产品成本				
月末在产品成本				

表 9 - 29　　　　　　　　　　　　第三车间期初在产品成本　　　　　　　　　单位:元

项　目	直接材料	直接人工	制造费用	合　计
月初在产品		6 072.00	7 568.00	13 640.00

4. 承接第 1、2、3 题,4 月 30 日,根据已编制的成本计算表,益力公司编制 C2 机床完工产成品的成本计算汇总表(表 9 - 30)。(保留 2 位小数。)

表 9 - 30　　　　　　　　　　　　产成品成本计算汇总表

4 月　　　　　　　　　　单位:元

项　目	直接材料	直接人工	制造费用	合　计
第一车间				
第二车间				
第三车间				
总成本				
单位成本				

9

项目十　产品成本计算的辅助方法运用

学 习 指 导

任务一　产品成本计算分类法实务处理

产品成本计算的分类法,是指按照产品的类别归集生产费用,在计算出某类产品总成本的基础上,按一定标准分配计算类内各种产品成本的一种成本计算方法。

分类法的目的在于简化成本核算。主要适用于产品品种或规格较多的企业或车间,如电子元件、针织、制鞋、食品等企业。

一、分类法的特点和计算程序

(一) 分类法的特点

(1) 以产品类别为成本计算对象。

(2) 分类法的成本计算期要根据生产特点和成本管理要求来决定。

(3) 分类法不是一种独立的成本计算方法。它要与品种法、分批法、分步法等产品成本计算基本方法结合使用,是一种辅助的成本计算方法。

(二) 分类法的计算程序

(1) 划分产品类别,按产品的类别设立产品成本明细账。

(2) 采用相应的成本计算基本方法,计算出各类产品的完工产品总成本和在产品成本。

(3) 采用一定的分配标准,计算出类内不同品种和规格的产品的总成本和单位成本。

在实际工作中为了简化分配工作,类内产品成本的计算,一般采用系数法。将类内产品的分配标准折合为系数,按系数分配计算类内每种产品的成本。

确定系数的具体做法:在同类产品中选择一种产量较大、生产比较稳定或规格折中的产品作为标准产品,把这种产品的分配标准系数确定为1,以其他产品的单位产品的分配标准数据与标准产品的数据相比,求出的比例即为其他产品的系数。系数确定后,把各种产品的实际产量乘上系数,换算成标准产品产量,或称为总系数,再按各种产品总系数比例分配计算类内各种产品成本。

二、分类法的适用范围和优缺点

（一）分类法的适用范围

分类法主要适用于具有以下生产特点的企业：① 联产品生产企业；② 采用同样原材料、同样工艺过程，生产出不同规格产品的生产企业；③ 生产主产品和副产品的企业；④ 生产零星产品的企业。

（二）分类法的优缺点

采用分类法计算产品成本时，不仅能简化成本计算工作，而且还能够在产品品种、规格繁多的情况下，分类掌握产品成本的水平。由于在同类产品各种产品成本的计算中，不论是间接计入费用还是直接计入费用，都是按一定的标准比例分配计算的，其计算结果有一定的假定性。

三、副产品的成本计算方法

（一）副产品的概念

副产品是指利用同一种原料，经过同一个生产过程，附带生产出的一种经济价值较低的次要产品。一般是将副产品和主要产品归为一类，按照分类法归集费用，计算其总成本。主、副产品分离前的成本可视为联合成本。

（二）副产品的成本计算方法

（1）从联合成本中扣除副产品销售的可实现净值，实际上就是将联合成本的一部分分配给副产品，分配的数额相当于副产品的销售价值。剩余的联合成本再分配给主产品。

（2）将副产品销售收入视为其他销售收入，将联合成本全部分配给主产品。利用这种方法，会计人员不必将加工副产品的成本记录为存货，也不用计算副产品的可变现净值。

四、等级品的成本计算方法

等级品是指使用相同原材料，在同一生产过程中生产相同品种但在质量上有差别的产品。在实际管理工作中，由于原材料质量、工艺技术等客观原因，产品质量尚难控制，等级品在所难免，例如电子元件、搪瓷制品等。对不同等级的产品成本，一般采用系数法加以计算。

任务二　产品成本计算定额法实务处理

定额法是另一种辅助的成本计算方法。定额法是以产品的品种（或批别）作为成本计算对象，根据产品的实际产量，计算产品的定额生产费用以及实际费用脱离定额的差异，用完工产品的定额成本，加上或减去定额差异、定额变动差异，从而计算出完工产品成本和在产品成本的一种方法。

一、定额法的特点

（1）成本计算对象是企业的完工产品或半成品。根据企业管理的要求，只计算完工产品成本或者同时计算半成品成本与完工产品成本。

（2）成本计算期间是每月的会计报告期。定额法一般用于大批量生产企业，只能按月进行成本计算。

（3）产品实际成本是以定额成本为基础,由定额成本、定额差异和定额变动三部分相加而组成。

（4）每月的生产费用应据定额成本、定额差异和定额变动三方面分配于完工产品和在产品。

二、定额法下产品实际成本的计算

定额法下产品实际成本的计算公式如式 10-1 所示。

$$产品实际成本=定额成本\pm 脱离定额差异\pm 定额变动差异 \qquad (10-1)$$

若材料按计划成本核算,还应加减材料成本差异。

产品实际成本的构成关系,如图 10-1 所示。

图 10-1　产品实际成本构成图

（一）定额成本的制定

定额成本的制定依据主要是产品的现行工艺规程、产品的材料消耗定额、燃料和动力消耗定额、工时定额、小时工资率、小时费用（制造费用）率等。只有具备了科学、合理的定额,才能制定产品的定额成本。

定额成本各成本项目的计算公式如式 10-2 至式 10-4 所示。

$$单位产品耗用直接材料定额成本=\sum (产品的材料消耗定额\times 材料的计划单价)$$

$$(10-2)$$

$$单位产品耗用直接人工定额成本=产品的工时消耗定额\times 计划工资率 \quad (10-3)$$

$$单位产品耗用制造费用定额成本=产品的工时消耗定额\times 制造费用计划分配率$$

$$(10-4)$$

各成本项目的定额成本相加,即为产品的单位定额成本。单位定额成本乘以实际产量即为总定额成本。

（二）脱离定额差异的计算

脱离定额差异,是指在产品生产过程中实际支出的各种费用与定额之间的差异。实际数大于定额数为超支（以"+"表示）,实际数小于定额数为节约（以"-"表示）。

在定额法下,定额差异的计算是按成本项目分别进行的,即分别计算直接材料脱离定额差异、直接人工脱离定额差异和制造费用脱离定额差异。

（1）直接材料脱离定额差异的计算方法:限额领料单法、切割法、盘存法。

（2）直接人工脱离定额差异的计算。直接人工脱离定额差异,应依据工资制度进行计算。

（3）制造费用定额差异的计算。定期(一般按月)将费用预算与实际发生数相比较计算出差异。计算方法与直接人工脱离定额的差异计算方法相同。

（三）定额变动差异的计算

定额变动差异,是由于修订消耗定额或费用定额而产生的新旧定额的差异额。定额变动系数与定额变动差异的计算如式 10-5、式 10-6 所示。

$$定额变动系数＝按新定额计算的单位产品费用÷按旧定额计算的单位产品费用$$

$$(10-5)$$

$$月初在产品定额变动差异＝按旧定额计算的月初在产品费用×(1-定额变动系数)$$

$$(10-6)$$

三、定额法的优缺点和适用范围

（一）定额法的优点

（1）有利于加强成本的日常控制。

（2）有利于进行产品成本的定期分析。

（3）提高定额的管理和计划管理水平。

（4）弥补了成本计算其他方法只有在月末后才能确定成本定额差异的缺陷,能够及时核算并确定定额成本差异。

（二）定额法的缺点

（1）工作量较大,推行起来比较困难。

（2）不便于对各个责任部门的工作情况进行考核和分析。

（3）定额资料若不准确,则会影响成本计算的准确性。

（三）定额法的适用范围

定额法一般适用于产品已经定型,产品品种比较稳定,各项定额比较齐全、准确、原始记录健全的企业。

习　　题

任务一　产品成本计算分类法实务处理

一、判断题

1. 分类法的适用与否与产品的生产类型有着直接的关系。　　　　　　（　　）

2. 主产品、副产品在分离前应合为一类产品计算成本。　　　　　　　（　　）

3. 联产品必须采用分类法计算成本。　　　　　　　　　　　　　　　（　　）

4. 只要产品品种、规格繁多,就可以采用分类法计算其成本。　　　　（　　）

5. 联产品是生产过程中生产出来的主要产品以及附带生产出来的非主要产品。（　　）

6. 联产品是用同一种原材料进行加工,同时生产出的几个品种不同的主要产品。（　　）

7. 副产品是在企业辅助生产过程中生产出来的产品。 （　　　）

8. 等级品就是不合格品。 （　　　）

9. 分类法计算产品成本,需在产品类别内选择一种生产稳定、产量不大且规格适中的产品作为标准产品,按照有关定额资料将其系数确定为1。 （　　　）

10. 采用分类法计算的产品成本具有一定的假定性。 （　　　）

二、单项选择题

1. 下列方法中,属于产品成本计算辅助方法的是(　　　)。

A. 品种法
B. 分类法
C. 平行结转分步法
D. 分批法

2. 产品成本计算的分类法适用于(　　　)。

A. 品种、规格繁多的产品

B. 可以按照一定标准分类的产品

C. 品种、规格繁多,而且可以按照产品结构、所用原材料和工艺过程的不同划分为若干类别的产品

D. 只适用于大批量生产的产品

3. 按照系数比例分配同类产品中各种产品成本的方法(　　　)。

A. 是一种完工产品和月末在产品之间分配费用的方法

B. 是一种单独的产品成本计算方法

C. 是一种简化的分类法

D. 是一种分配间接费用的方法

4. 使用同种原料,经过相同加工过程生产出来的品种相同但质量不同的产品是(　　　)。

A. 联产品
B. 副产品
C. 等级产品
D. 主产品

5. 采用分类法计算产品成本,应将产品按照一定的标准划分为不同的(　　　),按成本项目计算完工产品的总成本。

A. 品种
B. 规格
C. 类别
D. 批别

三、多项选择题

1. 下列方法中,不属于产品成本计算辅助方法的是(　　　)。

A. 品种法
B. 分类法
C. 逐步结转分步法
D. 平行结转分步法
E. 分批法

2. 联产品的成本是由(　　　)之和组成的。

A. 联合成本
B. 可归属成本
C. 制造成本
D. 销售成本

3. 采用分类法计算成本的企业,其产品的生产可以归纳为(　　　)等几种情况。

A. 联产品的生产
B. 副产品的生产
C. 等级品的生产
D. 非等级品的生产

4. 分类法计算产品成本,应在产品类别内选择一种(　　　)的产品作为标准产品。

A. 产量大
B. 产量不大
C. 生产稳定
D. 产量固定
E. 规格适中

10

5. 采用分类法,不是为了( )。

A. 简化成本核算工作量
B. 适应生产组织特点的需要
C. 适应生产工艺特点的需要
D. 满足企业管理的要求

四、业务题

某企业采用分类法进行产品成本计算,B 类产品分为甲、乙、丙三个品种,甲为标准产品。类内费用分配的方法是原材料按定额费用系数为标准。其他费用按定额工时比例分配。B 类完工产品总成本为 480 920 元,其中直接材料为 269 700 元,直接工资为 96 760 元,制造费用为 114 460 元。产量及定额资料如表 10-1 所示。

表 10-1　　　　　　　　　　某企业产量及定额资料

品　名	产　量/件	单位产品原材料费用定额/元	单位产品工时定额/小时
甲	400	240	20
乙	600	312	15
丙	300	216	22

要求:

(1) 填制如表 10-2 所示的 B 类产品系数计算表;
(2) 填制如表 10-3 所示的 B 类产品成本计算单。

表 10-2　　　　　　　　　　B 类产品系数计算表

品　名	单位产品原材料费用定额/元	系　数
甲	240	1
乙	312	1.3
丙	316	0.9

表 10-3　　　　　　　　　　B 类产品成本计算单

项　目	产量	原材料费用系数	原材料费用总系数	工时定额	定额工时	直接材料	直接工资	制造费用	合　计
分配率									
甲									
乙									
丙									
合　计									

五、思考题

1. 什么样类型的企业适合采用分类法进行核算?
2. 简要说明分类法与品种法的区别和联系。

10

任务二　产品成本计算定额法实务处理

一、判断题

1. 定额法的成本差异包括脱离定额差异、定额变动差异和材料成本差异，这些差异的计算都是以产品的定额成本为基础的。　　　　　　　　　　　　　　　（　　）

2. 脱离定额差异是产品成本的实际生产费用脱离定额所形成的差异额。　（　　）

3. 定额变动差异是指因为修订消耗定额或生产耗费的计划单价而产生的新旧定额之间的差异额。　　　　　　　　　　　　　　　　　　　　　　　　　　　（　　）

4. 定额法定额的修订一般在每个会计期间的初期进行。　　　　　　　（　　）

5. 月初在产品定额变动差异的计算，可以根据月初在产品实物盘存量或账面结存量以及修订调整前后的消耗定额进行。　　　　　　　　　　　　　　　　　　（　　）

6. 为了简化成本核算的工作量，定额变动差异的计算也可以采用求单位产品费用折算系数的方法进行。　　　　　　　　　　　　　　　　　　　　　　　　　（　　）

7. 定额法：产品实际成本＝按现行定额成本计算的产品定额成本±脱离定额差异±月初在产品定额变动差异。　　　　　　　　　　　　　　　　　　　　　　（　　）

8. 定额成本是一种目标成本，是企业进行成本控制和考核的依据。　　（　　）

9. 限额领料单所列领料限额，就是材料的定额消耗量。　　　　　　　（　　）

10. 定额法的优点是较其他成本核算方法工作量要小。　　　　　　　（　　）

二、单项选择题

1. 产品成本计算定额法的特点是（　　　　）。

A. 对产品成本进行事前控制

B. 对成本差异进行事中控制

C. 在定额成本的基础上加减各种成本差异，计算产品的实际成本，并进行成本的定期分析和考核

D. 上述三点都具备

2. 材料定额成本应该等于（　　　　）乘以单位产品材料消耗定额，再乘以计划单价。

A. 本月投入产品数量　　　　　　　　B. 月初在产品数量

C. 本月完工产品数量　　　　　　　　D. 月末在产品数量

3. 定额法的主要缺点是（　　　　）。

A. 只适用于大批大量生产的机械制造企业

B. 较其他成本计算方法核算工作量大

C. 不能合理、简便地解决完工产品和月末在产品之间的费用分配问题

D. 不便于成本分析工作

4. 直接材料脱离定额差异是（　　　　）。

A. 数量差异　　　　　　　　　　　　B. 一种定额变动差异

C. 价格差异　　　　　　　　　　　　D. 原材料成本差异

5. 采用定额法计算的本月完工产品成本由（　　　　）组成。

A. 定额成本、脱离定额差异和材料成本差异

B. 定额成本、脱离定额差异、材料成本差异和定额变动差异

C. 计划成本、脱离定额差异和材料成本差异

D. 实际成本、脱离定额差异、材料成本差异和定额变动差异

三、多项选择题

1. 原材料脱离定额差异的计算方法有（　　　　　）。

A. 限额法　　　　　　B. 切割核算法　　　　C. 盘存法　　　　　　D. 年限法

E. 工作量法

2. 计算和分析脱离定额成本差异主要包括（　　　　　）。

A. 材料脱离定额差异　　　　　　　　　B. 直接人工费用脱离定额差异

C. 制造费用脱离定额差异　　　　　　　D. 管理费用脱离定额差异

3. 在完工产品成本中，如果月初在产品定额变动差异是正数，说明（　　　　　）。

A. 消耗定额降低了

B. 消耗定额提高了

C. 本月份定额管理和成本管理有了成绩

D. 以前月份定额管理和成本管理取得了成绩

E. 以前月份定额管理和成本管理有缺点

4. 定额法的主要优点有（　　　　　）。

A. 有利于加强成本控制，对成本定期进行分析

B. 有利于提高成本的定额管理和计划管理水平

C. 有利于在完工产品和月末在产品之间进行费用分配

D. 成本计算工作量比较小

E. 计算成本时，可以独立应用

5. 采用定额法计算产品成本的企业应具备（　　　　　）条件。

A. 定额管理制度比较健全

B. 对定额管理制度的建立健全没有严格要求

C. 各月在产品数量变化比较大

D. 各月在产品数量变化比较小

E. 制定的各项消耗定额比较准确且能保持稳定

四、业务题

1. 联华公司 A 产品的一些零件从本月 1 日起开始实施新的材料消耗定额。该产品单位产品旧的材料费用定额为 200 元，新的材料费用定额为 190 元。该产品月初在产品按旧定额计算的材料费用定额费用为 8 000 元。

要求：计算 A 产品新旧材料消耗定额之间的折算系数，并据以计算该产品月初在产品定额变动差异。

2. 甲产品采用定额法计算成本，原材料定额费用采用盘存法计算。该产品原材料消耗定额为每件 5 千克，所耗原材料的计划单位成本为每千克 10 元。本月期初结存在产品 90 件，本月完工产成品 1 200 件，期末结存在产品 100 件。本月期初车间余料为 300 千克，本月实际领用 6 000 千克，本月期末车间余料 200 千克。本月材料成本差异为 3%。

要求：

　　(1) 计算本月产品的原材料定额费用;

　　(2) 计算本月甲产品原材料脱离定额差异;

　　(3) 计算本月甲产品应负担的原材料成本差异。

　　3. 甲产品采用定额法计算成本。本月份有关甲产品原材料定额费用的资料如下所示:

　　(1) 月初在产品定额费用为 1 500 元,月初在产品脱离定额的差异为节约 100 元,月初在产品定额费用调整后降低为 30 元。定额变动差异全部由完工产品负担。

　　(2) 本月定额费用为 25 000 元,本月脱离定额的差异为节约 429.40 元。

　　(3) 本月原材料成本差异为节约 2%,材料成本差异全部由完工产品成本负担。

　　(4) 本月完工产品定额费用为 22 000 元。

　　要求:

　　(1) 计算月末在产品的原材料定额费用;

　　(2) 计算完工产品和月末在产品的原材料实际费用(脱离定额差异,按定额费用比例在完工产品和月末在产品之间进行分配)。

五、思考题

　　1. 脱离定额的差异包含哪些内容?

　　2. 企业在什么情况下计算定额变动差异,是什么原因产生的?

　　3. 分别阐述定额法核算的优缺点。

项 目 实 训

一、实训目的

　　通过实训,使学生熟悉产品成本计算辅助方法之一分类法的计算方法及其账务处理。

二、实训条件

　　1. 各种费用分配表;

　　2. 根据企业实际情况开设相关的总账、明细账;

　　3. 一定数量的记账凭证。

三、实训材料

　　1. 企业基本情况

　　广福公司第一车间生产 A、B、C 三种产品,所用原材料和工艺过程相似,合并为甲类进行生产成本计算。该企业规定:该类产品的原材料费用随生产进度逐步投入,材料费用按照各种产品的原材料费用系数进行分配;加工费用按照各种产品的工时系数进行分配。同类产品内各种产品的原材料费用,按原材料费用定额确定系数;同类产品内各种产品之间的直接工资和制造费用,均按各种产品的定额工时计算确定系数;该公司规定 B 种产品为标准产品。

　　2. 成本计算的有关资料

　　广福公司第一车间 11 月生产甲类(A、B、C 三种产品)产品,有关成本资料如下:

10

（1）甲类产品成本资料，如表 10 - 4 所示。

表 10 - 4　　　　　　　　甲类产品期初在产品成本和本月生产费用

11 月　　　　　　　　　　　　　　　　　单位：元

项　　目	直接材料	直接人工	制造费用	合　　计
期初在产品成本（定额成本）	41 910	13 530	44 550	99 990
本月生产费用	53 340	18 500	60 090	131 930
生产费用合计	95 250	32 030	104 640	231 920

（2）甲类产品的工时定额和材料消耗定额分别为：① 工时定额为：A 产品 16 小时，B 产品 10 小时，C 产品 11 小时；② 材料消耗定额为：A 产品 212.80 元，B 产品 266.00 元，C 产品 345.80 元。

（3）该公司 11 月份各产品完工产品与在产品的实际产量分别为：

① 完工产品产量：A 产品 120 件，B 产品 90 件，C 产品 150 件；

② 在产品产量为：A 产品 100 件，B 产品 100 件，C 产品 50 件。

（4）甲类各种产品在产品单位定额成本资料，如表 10 - 5 所示。

表 10 - 5　　　　　　　　甲类各种产品在产品单位定额成本

单位：元

甲类产品	直接材料	直接人工	制造费用	合　　计
A 产品	120.00	50.00	165.00	335.00
B 产品	110.00	60.00	158.00	328.00
C 产品	149.60	34.20	191.00	374.80

四、实训要求

1. 计算甲类完工产品的生产成本。

根据上述成本资料，运用品种法的成本计算原理，计算出本月甲类产品的本月完工产品成本和月末在产品成本，如表 10 - 6 所示。

表 10 - 6　　　　　　　　成 本 计 算 单

产品：甲类产品　　　　　　　　　　11 月　　　　　　　　　　　单位：元

月	日	摘　　要	直接材料	直接工资	制造费用	合　　计
10	31	期初在产品成本（定额成本）				
11	30	本月发生的生产费用				
11	30	生产费用合计				
11	30	本月完工甲类产品成本				
11	30	期末甲类在产品成本（定额成本）				

10

其中：期末甲类在产品成本计算方法：

(1) 直接材料＝ _____（元）；

(2) 直接人工＝ _____（元）；

(3) 制造费用＝ _____（元）。

2. 计算甲类产品的类内 A、B、C 产品的生产成本。

(1) 根据各产品所耗各种原材料的消耗定额、计划单价以及费用总定额，以及工时定额编制系数计算表，如表 10-7 所示。

表 10-7   各种产品系数计算表

产品：甲类产品   11月

产 品 名 称	加工费用系数		直接材料系数	
	单位产品工时定额/小时	人工和制造费用系数	单位产品材料定额/元	原材料费用系数
A 产品	16		212.80	
B 产品（标准产品）	10		266.00	
C 产品	11		345.80	

(2) 根据各种产品的产量、原材料费用系数，人工和制造费用系数计算总系数（或标准产量），如表 10-8 所示。

表 10-8   产品总系数计算表

产品：甲类产品   11月

品 名	产品产量/件	人工和制造费用分配总系数		材料费用分配总系数	
		系数	总系数	系数	总系数
A 产品	120				
B 产品	90				
C 产品	150				
合 计					

(3) 根据甲类产品的生产成本明细账中 11 月份产成品的成本资料，编制该类各种产品成本计算表，如表 10-9 所示。

表 10-9   甲类内的各种产品成本计算表

产品类别：甲类产品   11月   金额单位：元

项 目	产量/件	原材料费用总系数	直接材料分配额	加工费用总系数	直接工资分配额	制造费用分配额	各种产品总成本	单位成本
甲类产品成本								
分配率								
A 产品	120							

续 表

项　　目	产量/件	原材料费用总系数	直接材料分配额	加工费用总系数	直接工资分配额	制造费用分配额	各种产品总成本	单位成本
B产品	90							
C产品	150							
合　计								

其中：表中的直接材料费用分配率＝＿＿＿＿＿＿＿＿＿＿＿＿＿＿＿＿＿＿＿＿＿＿；

直接工资费用分配率＝＿＿＿＿＿＿＿＿＿＿＿＿＿＿＿＿＿＿＿＿＿＿；

间接制造费用分配率＝＿＿＿＿＿＿＿＿＿＿＿＿＿＿＿＿＿＿＿＿＿＿。

根据表 10-9 的成本计算单和产品入库单,编制结转完工入库产品成本的记账凭证。

项目十一　成本报表编制与分析

任务一　认知成本报表

一、成本报表的含义

成本报表是用以反映企业生产费用与产品成本的构成及其升降变动情况,以考核各项费用与生产成本计划执行结果的会计报表,是会计报表体系的重要组成部分。

二、成本报表的划分

(1) 按报表反映的内容分类。可分为反映成本计划执行情况的报表、反映费用支出情况的报表、反映生产耗费的报表。

(2) 按编制的时间分类。可以分为定期报表和不定期报表。

(3) 按报表编制的范围分类。可分为全厂报表、车间成本报表和班组(或个人)成本报表等。

三、成本报表的特点

(1) 成本报表能满足企业的内部需要,具备较强的实用性。

(2) 成本报表具有较大的灵活性与多样性。

(3) 成本报表提供的成本信息全面综合地反映企业各方面的工作质量。

(4) 成本报表具有及时性。

任务二　成本报表编制

一、成本报表编制的一般方法

各种成本报表反映的内容不同,格式及具体编制方法也不同,有的反映本期的实际成本、费用,有的还可能反映本期累计的实际成本和费用。为了考核和分析成本计划的执行情况,这些报表一般还反映有关的计划数和某些其他有关资料。

二、常见成本报表的编制

(一) 全部产品生产成本报表的编制

1. 全部产品生产成本报表(按产品种类反映)的编制

按产品种类反映的产品生产成本表是按产品种类汇总反映工业企业在报告期内生产的全部产品的单位成本和总成本的报表。按实际产量、单位成本、本月总成本和本年累计总成本四部分分别反映。并且按照产品种类分别反映本月产量、本年累计产量,以及上年实际成本、本年计划成本、本月实际成本和本年累计实际成本。

2. 全部产品生产成本(按成本项目反映)表的编制

全部产品生产成本(按成本项目反映)表是按成本项目汇总反映工业企业在报告期内发生的全部生产费用以及产品生产总成本的报表。

该表可以分为生产费用和产品生产成本两部分。表中生产费用部分按照成本项目(直接材料、直接人工、制造费用等)反映报告期内发生的各种生产费用及其合计数;产品生产成本部分是在生产费用合计数的基础,加上在产品和自制产成品的期初余额,减去在产品和自制半成品的期末余额,算出产品生产成本的合计数。这些费用和成本,还可以按上年实际数、本年计划数、本月实际数和本年累计实际数,分栏反映。

(二) 主要产品单位成本表的编制

主要产品单位成本表是反映工业企业报告期内生产的各种主要产品的单位成本及其构成情况的报表。该表应按主要产品分别编制,即每种主要产品都要编制一张主要产品单位成本报表。该表是产品生产成本表(按产品种类反映)中某些主要产品成本的进一步反映。

该表按成本项目,分别反映各种主要产品的历史先进水平单位成本、上年实际平均单位成本、本年计划单位成本、本月实际单位成本和本年累计实际平均单位成本等指标,为了便于分析,该表还可以提供有关产品产量的资料。

(三) 各种费用明细表的编制

1. 制造费用明细表的结构和编制

制造费用明细表是反映工业企业在报告期内发生的制造费用总额及其构成情况的报表。按照制造费用的明细项目分别反映各该费用的本年计划数、上年同期实际数、本月实际数和本年累计实际数。利用制造费用明细表,可以分析制造费用的构成和增减变动情况,考核制造费用预算的执行情况。

2. 期间费用明细表的结构和编制

销售费用明细表、管理费用明细表、财务费用明细表都称为期间费用明细表,是反映企业在报告期内发生的期间费用及其构成情况的报表。

任务三　成本报表分析

一、成本报表分析方法

常用的方法有比较分析法、比率分析法、因素分析法。

(一) 比较分析法

比较分析法也称对比分析法,是成本报表分析的主要方法,使用比较广泛。它是通过不同时期、不同情况实际数与基数的对比来反映实际数与基数之间的数量差异,借以分析产生差异的原因,研究解决问题的方法和途径,提高成本管理水平。一般适用于同类型企业间的比较分析。

(二)比率分析法

比率是用倍数或比例表示的相对数。比率分析法是通过计算各项指标之间的比率进行分析的方法。主要有相关指标比率分析法、构成比率分析法和趋势比率分析法三种。

(三)因素分析法

成本指标是一个综合指标,它受各种因素的影响,只有把成本指标分解为若干构成因素,才能明确成本指标完成好坏的原因和责任。因素分析法按照计算程序的不同可以分为连环替代法和差额计算法。

1. 连环替换法

连环替代法亦称连锁替代法,是将综合经济指标分解为各个因素后,以组成各个因素的实际数,按顺序逐次逐个替换比较的标准,来计算各个因素的变动对该指标的影响程度的一种分析方法。

2. 差额计算法

差额计算分析法是连环替换分析法的一种简化的计算方法。它是根据各项因素的实际数与基数的差额来计算各项因素变动对综合经济指标的影响程度的一种分析方法。

二、常见的成本报表分析

(一)全部产品生产成本报表(按产品种类反映)的分析

1. 全部产品成本计划完成情况分析

全部产品按产品类别进行的成本计划完成情况分析,是依据分析期产品生产成本报表(按产品种类反映)进行的。全部产品的本月实际总成本和本年累计实际总成本,分别与其本月计划总成本和本年累计计划总成本进行比较,确定实际成本比计划成本的降低额和降低率,从而确定全部产品实际成本与计划成本的差异,了解成本计划的执行结果。

全部产品成本计划降低额和计划降低率的计算如式 11-1、式 11-2 所示。

$$全部产品成本降低额 = 计划总成本 - 实际总成本 = \sum(实际产量 \times 计划单位成本) -$$
$$\sum(实际产量 \times 实际单位成本) \tag{11-1}$$

$$全部产品成本降低率 = 成本降低额 \div 计划总成本 \times 100\% \tag{11-2}$$

通过上式计算得到的数值如果是正数,表示成本降低额(率);如果为负数,表示成本超支额(率)。

2. 可比产品成本计划完成情况分析

可比产品成本降低计划包括计划成本降低额(率)和实际成本降低额(率),其计算如式 11-3 至式 11-6 所示。

$$可比产品计划降低额 = \sum(计划产量 \times 上年实际平均单位成本) -$$
$$\sum(计划产量 \times 计划单位成本) \tag{11-3}$$

$$可比产品计划降低率 = 可比产品计划降低额 \div 全部可比产品计划产量按上年$$
$$实际平均单位成本计算的总成本 \times 100\% \tag{11-4}$$

$$可比产品实际降低额 = \sum（实际产量 \times 上年实际平均单位成本）-$$
$$\sum（实际产量 \times 本年实际单位成本） \qquad (11-5)$$

$$可比产品实际降低率 = 实际降低额 \div 全部可比产品实际产量按上年$$
$$实际平均单位成本计算的总成本 \times 100\% \qquad (11-6)$$

（二）全部产品生产成本报表（按成本项目反映）的编制和分析

按成本项目反映的产品生产成本表，一般采用对比分析法、结构比率分析法和相关指标比率分析法进行。

三、主要产品单位成本报表的分析

主要产品单位成本分析主要依据主要产品单位成本表、成本计划和各项消耗定额资料，以及反映各项技术经济指标的业务技术资料等进行。

分析的程序一般是先检查各种产品单位成本实际比计划、比上年实际、比历史最好水平的升降情况；然后，按成本项目分析其增减变动，查明造成单位成本升降的具体原因。

（一）主要产品单位成本计划完成情况分析

根据"主要产品单位成本表"上的有关数据资料以及其他有关资料，首先分析单位成本实际数与基准数的差异，确定单位成本是升高还是降低了，升降幅度是多少；然后再按成本项目分别进行比较分析，考察每个项目的升降情况；最后，可针对某些主要项目的升降情况，做进一步深入的分析，查明引起成本项目升降的原因。

（二）主要成本项目分析

1. 直接材料项目分析

影响单位产品成本直接材料的基本因素是单位产品材料耗用量和材料单价。这两个因素变动对单位产品直接材料成本超支或节约的影响程度，可分别按式11-7、式11-8计算。

$$材料耗用量变动的影响 = \sum（实际单位耗用量 - 计划单位耗用量） \times 计划价格$$
$$(11-7)$$

$$材料单价变动的影响 = \sum（实际单价 - 计划单价） \times 实际耗用量 \qquad (11-8)$$

2. 直接人工项目分析

单位产品直接人工的多少，取决于生产单位产品的生产工时和小时工资率两个因素，其计算如式11-9、式11-10所示。

$$工时消耗量变动的影响 = \sum[（实际单位工时消耗量 - 计划单位工时消耗量） \times$$
$$计划小时工资率] \qquad (11-9)$$

$$小时工资额变动的影响 = \sum[（实际小时工资率 - 计划单位工资率） \times$$
$$实际单位工时消耗量] \qquad (11-10)$$

11

3. 制造费用项目分析

单位产品制造费用通常受单位产品生产工时（或其他分配标准）和小时费用分配率（或其他分配率）两个因素的影响，其计算如式11-11、式11-12所示。

$$工时消耗量变动的影响 = \sum \big[(实际单位工时消耗量 - 计划单位工时消耗量) \times$$
$$计划小时费用分配率\big] \tag{11-11}$$

$$小时费用分配率变动的影响 = \sum \big[(实际小时费用分配率 - 计划小时费用分配率) \times$$
$$实际单位工时消耗量\big] \tag{11-12}$$

四、各种费用明细表的分析

(一)制造费用明细表分析

对制造费用明细表进行分析所应采用的方法,主要是对比分析法和构成比率分析法。

1. 对比分析法分析

在采用对比分析法进行分析时,通常先将本月实际数与上年同期实际数进行对比,揭示本月实际与上年同期实际之间的增减变化。

2. 构成比率分析法分析

采用构成比率分析法进行制造费用分析时,可以计算某项费用合计数的构成比率,也可将制造费用分为与机器设备使用有关的费用、与机器设备使用无关的费用、非生产性损失等几类,分别计算其占制造费用合计数的构成比率。

(二)期间费用明细表分析

期间费用明细表的分析方法与制造费用明细表的分析方法基本相同。

习　　题

任务一　认知成本报表

一、判断题

1. 为了科学规范地对外披露企业的成本信息,合理有效地利用成本资料为企业自身服务,国家对成本报表的种类、结构和编制方法均作了统一规定。　　　　　　　　　(　　)

2. 成本报表的种类国家不作统一规定。　　　　　　　　　　　　　　　(　　)

3. 数字准确是企业编制成本报表的基本要求。　　　　　　　　　　　　(　　)

4. 成本报表是企业内部报表,一般不对外报送或公布。　　　　　　　　(　　)

5. 成本报表属于内部报表,不对外公开,因此成本报表的种类、格式、项目指标的设计和编制、编报日期等由企业自行决定。　　　　　　　　　　　　　　　　　(　　)

二、单项选择题

1. 根据现行有关制度规定,成本报表属于(　　　)。

A. 外部报表　　　　　　　　　　B. 内部报表

C. 既是内部报表,又是外部报表　　D. 是内部报表还是外部报表,由企业自行决定

2. 企业成本报表的种类、格式、项目以及编制方法(　　　)。

A. 由国家统一规定　　　　　　　B. 由企业自行确定

C. 由企业主管部门规定　　　　　　D. 由企业主管部门与企业共同制定

3. 成本报表是一种以满足企业内部经营管理需要为主要目的的会计报表,它(　　　)。

A. 受外界因素影响

B. 不受外界因素影响

C. 有时受外界因素影响,有时不受外界因素影响

D. 决定于外界因素

三、多项选择题

1. 工业企业成本报表一般包括(　　　　　)。

A. 产品生产成本表　　　　　　　　B. 主要产品单位成本表

C. 制造费用明细表　　　　　　　　D. 辅助生产成本表

E. 以上均包括

2. 成本报表的特点是(　　　　　)。

A. 实用性强　　　　　　　　　　　B. 形式灵活多样

C. 信息全面　　　　　　　　　　　D. 编报及时

四、思考题

1. 成本报表的功能、种类有哪些?

2. 编制各种成本报表有哪些具体的要求?

任务二　成本报表编制

一、判断题

1. 所有的成本报表,都是按成本项目分设专栏的。　　　　　　　　　　　(　　　)

2. 产品生产成本表一般分为两种,一种按照成本项目反映,另一种按照产品的类别反映。
(　　　)

3. 按成本项目反映的产品生产成本表的"上年实际数"根据上年 12 月份本表的本年累计实际数填列。　　　　　　　　　　　　　　　　　　　　　　　　　　　　(　　　)

4. 按照产品类别反映的产品生产成本表分为基本报表和补充报表两部分。　(　　　)

5. 主要产品单位成本表的"历史先进水平"栏目,反映单位成本和单位消耗的历史先进水平,根据企业成本最低年度相关资料填列。　　　　　　　　　　　　　　　　(　　　)

6. 主要产品单位成本表是反映企业一定时期内可比产品单位生产成本、成本变动及其构成情况的成本报表。　　　　　　　　　　　　　　　　　　　　　　　　(　　　)

7. 销售费用明细表是反映企业一定期间内在销售过程中发生的各项费用及其费用预算执行情况的报表。　　　　　　　　　　　　　　　　　　　　　　　　　　　(　　　)

8. 期间费用明细表包括销售费用明细表、管理费用明细表和财务费用明细表等。(　　　)

二、单项选择题

1. 按产品类别反映的产品生产成本表中,反映上年成本资料的产品是(　　　)。

A. 库存商品　　　　B. 已销售商品　　　　C. 可比产品　　　　D. 不可比产品

11

2. 按产品类别反映的产品生产成本表应该按（　　　　）。

A. 可比产品和不可比产品分别编制

B. 可比产品和不可比产品合并在一起编制

C. 历史先进水平设置栏目编制

D. 成本项目和产品类别混合编制

3. 主要产品单位成本表反映的单位成本，包括（　　　　）。

A. 历史先进水平　　　　　　　　　B. 本年实际平均

C. 上年实际　　　　　　　　　　　D. 本年实际

4. 按成本项目反映的产品生产成本表在结构上分为（　　　）两部分。

A. 生产费用和产品成本　　　　　　B. 成本项目和产品类别

C. 本年计划和本年实际　　　　　　D. 上年实际和本年实际

三、多项选择题

1. 主要产品单位成本表反映的单位成本包括（　　　　　　）。

A. 本月实际　　　　　　　　　　　B. 历史先进水平

C. 本年计划　　　　　　　　　　　D. 本月计划

E. 上年实际平均

2. 产品生产成本表可以用来反映（　　　　　）。

A. 本年计划单位成本　　　　　　　B. 本年实际单位成本

C. 本月计划单位成本　　　　　　　D. 本月实际单位成本

E. 本月实际总成本

3. 产品生产成本表一般分为按（　　　　）等几种。

A. 成本项目反映　　　　　　　　　B. 要素费用反映

C. 产品品种反映　　　　　　　　　D. 产品类别反映

E. 产品批别反映

4. 期间费用明细表，一般按照期间费用项目分别反映费用项目的（　　　　　　）。

A. 计划数　　　　　　　　　　　　B. 上年同期实际数

C. 本月实际数　　　　　　　　　　D. 本年累计实际数

5. 制造费用明细表设有（　　　　　）等多个栏目。

A. 本年计划　　　B. 本年实际　　　C. 上年同期实际　　　D. 本月实际

E. 本年累计实际

四、思考题

1. 全部生产成本报表按品种反映与按项目反映其各自的优缺点有哪些？

2. 编制各种费用明细表选取的项目各自的功能是什么？

11

任务三　成本报表分析

一、判断题

1. 影响可比产品成本降低计划完成情况的主要因素是产品单位成本和产品品种构成。

（　　　　）

2. 运用连环替代法时要正确确定各因素的排列顺序。在分析相同问题时要按照统一排列顺序进行替换；否则，会得出不同的计算结果。　　　　　　　　　　　　（　　）

3. 可比产品成本降低额是指可比产品本年实际总成本比上年实际总成本降低的数额。

（　　）

4. 制造费用明细表有利于企业分析制造费用的余额变动情况，考核制造费用预算执行情况，节约费用，降低成本。　　　　　　　　　　　　　　　　　　　　　（　　）

5. 将不同时期同类指标的数值对比，进行动态比较，据以分析各项指标的培养变动和变动趋势的分析方法是比较分析法。　　　　　　　　　　　　　　　　　　（　　）

二、单项选择题

1. 通过指标对比，从数量上确定差异的分析方法是（　　　　）。

A. 比率分析法　　　　　　　　　　　B. 连环替代法

C. 比较分析法　　　　　　　　　　　D. 差额计算法

2. 通过计算和对比经济指标的比率，进行数量分析的分析方法是（　　　　）。

A. 比较分析法　　　　　　　　　　　B. 差额计算法

C. 连环替代法　　　　　　　　　　　D. 比率分析法

3. 生产单一品种情况下，影响可比产品成本降低额变动的因素仅是下列的（　　　　）。

A. 产品产量　　　　　　　　　　　　B. 产品单位成本

C. 产品产量和产品单位成本　　　　　D. 产品产量、单位成本和品种结构

4. 主要产品单位成本的计划完成情况分析，通常首先采用（　　　　）进行分析。

A. 比较分析法　　　　　　　　　　　B. 趋势分析法

C. 比率分析法　　　　　　　　　　　D. 连环替代法

5. 可比产品成本降低率是指（　　　　）指标与可比产品按上年实际平均单位成本计算的总成本的比率。

A. 可比产品本年累计实际总成本　　　B. 可比产品成本降低额

C. 可比产品上年累计实际总成本　　　D. 可比产品单位成本降低额

6. 采用连环替代法，可以揭示（　　　　）。

A. 产生差异的因素

B. 实际数与计划数之间的差异

C. 产生差异的因素和各因素的影响程度

D. 产生差异的因素和各因素的变动原因

三、多项选择题

1. 生产多品种情况下，影响可比产品成本降低额变动的因素有（　　　　　）。

A. 产品产量　　　　　　　　　　　　B. 产品单位成本

C. 产品价格　　　　　　　　　　　　D. 产品品种结构

2. 下列财务指标中，属于相关比率指标的有（　　　　）。

A. 产值成本率　　　　　　　　　　　B. 销售收入成本率

C. 成本利润率　　　　　　　　　　　D. 制造费用构成比率

3. 影响产品材料费用总额变动的因素很多，按其相互关系可归纳为（　　　　　）。

11

A. 单位产品材料消耗量　　　　　　　B. 材料成本降低额

C. 产品产量　　　　　　　　　　　　D. 材料单价

4. 成本报表分析的主要内容包括(　　　　)。

A. 成本计划完成情况分析　　　　　　B. 主要产品单位生产成本分析

C. 费用预算执行情况的分析　　　　　D. 成本效益分析

5. 主要产品单位生产成本表中反映的内容主要包括(　　　　)。

A. 产品产量　　　　　　　　　　　　B. 产品单位生产成本

C. 主要技术经济指标　　　　　　　　D. 产品的销售价格

四、业务题

1. 某企业的材料费用总额、产品产量、单位产品材料消耗量和材料单价的计划数与实际数的资料,如表 11-1 所示。

表 11-1　　　　　　　　　　　　　　　某产品直接材料费用表

项　　　目	计划数	实际数
产品产量/件	60	65
单位产品消耗量/千克	30	36
材料单价/元	25	32
材料费用总额/元	45 000	74 880

要求:分别采用连环替代法、差额计算法分析各因素变动对费用总额变动的影响程度。

2. 某企业 12 月产品成本报表,如表 11-2 所示。

表 11-2　　　　　　　　　　　　　　　全部产品成本报表

产品名称	实际产量/件	单位成本/元			总成本/元		
		上年实际平均	本年计划	本月实际	按上提实际平均单位成本计算	按本年计划单位成本计算	本月实际
可比产品合计							
A 产品	80	110	102	105			
B 产品	90	130	115	112			
不可比产品合计							
C 产品	9	—	126	130	—		
全部产品	—	—	—	—			

要求:

(1)计算和填列产品成本报表中总成本各栏数字;

(2)分析全部产品成本计划的完成情况。

3. 某企业生产甲、乙产品两种可比产品成本资料如下:

11

（1）可比产品成本计划降低率为 7%；

（2）可比产品生产成本资料如表 11-3 所示。

表 11-3　　　　　　　　　　可比产品成本资料表

可比产品	产量/件		单位成本/元		
	计划	实际	上年实际平均	本年计划	本年实际
甲	60	90	15	12	10
乙	120	80	22	20	18
合　计					

要求：计算可比产品成本降低率计划完成情况，分析其升降原因。

4. 某企业生产甲产品，有关资料如表 11-4、表 11-5 所示。

表 11-4　　　　　　　　　　主要产品单位成本表　　　　　　　　　单位：元

成本项目	上年实际平均	本年计划	本年实际
直接材料	1 862	1 890	2 047
直接人工	150	168	164
制造费用	248	212	209
合　计	2 260	2 270	2 420

表 11-5　　　　　　　　　　单位甲产品耗用原材料的资料表

项　　目	上年实际平均	本年计划	本期实际
材料消耗量/千克	950	900	890
材料单价/元	1.96	2.10	2.30

要求：

（1）根据上述资料，分析甲产品单位生产成本的计划完成情况；

（2）分析影响原材料费用变动的因素和各因素对材料费用变动的影响程度。

五、思考题

1. 成本分析的方法主要有哪些？简述连环替代法及其分析程序和应注意的问题。

2. 影响可比产品降低额与可比产品的降低率的因素分别有哪些？

项　目　实　训

11

一、实训目的

通过实训，使学生掌握全部产品单位成本报表、主要产品成本报表的编制，并在比较分析法、比率分析法、因素分析法中选择合适的分析方法对成本报表进行分析。

二、实训条件

1. 具备企业生产车间产品生产资料;
2. 具备产品生产成本、单位成本资料;
3. 具备产品成本本期计划水平、本期实际水平、历史先进水平,以及相关生产数据。

三、实训材料

兴隆集团子公司兴隆机床制造公司有两个基本生产车间,生产 A、B、C 三种产品,一车间生产 A、B 产品,二车间生产 C 产品,其中 A、B 产品是可比产品,C 产品是不可比产品,A 产品是兴隆集团的主要产品,成本核算采用品种法,该机床制造公司 12 月相关生产数据如表 11 - 6 至表 11 - 10 所示。

表 11 - 6　　　　　　　　　　　全部产品生产成本表

12 月

项　　目		可比产品(A)	可比产品(B)	不可比产品(C)
单位生产成本/元	上年实际成本	7 000	4 600	
	本月实际	5 800	4 480	3 200
	本年累计实际平均	6 000	4 520	3 150
	本年计划	6 200	4 000	3 100
产量/台	本月实际	100	120	60
	本年累计实际	780	1 020	500
	本年计划	750	950	600
销售量/台	本月实际	80	120	60
	本年累计实际	800	1 000	480
	年初结存数量	80	50	

补充:可比产品的计划降低额为_____;可比产品的计划降低率为_____。

表 11 - 7　　　　　　　　　　　A 产品生产成本资料表

12 月

单位:元

单位生产成本	直接材料	直接人工	制造费用	合　　计
历史先进水平	2 800	1 400	1 200	5 400
上年实际水平	3 300	1 680	1 350	6 330
本年计划	3 250	1 580	1 370	6 200
本月实际	2 910	1 570	1 320	5 800
本年累计实际平均	2 950	1 650	1 340	5 940

11

表 11 - 8   **A 产品生产成本资料表**

12 月

项　　目	上年实际	本年实际
单位产品售价/元	9 500	9 800
单位产品税金/元	1 230	1 270
产品计划销售量/台	780	820
产品实际销售量/台	750	800

表 11 - 9   **全部产品的生产成本表**

编制单位：   12 月   金额单位：元

产品名称	实际产量		单位成本				本月总成本			本年累计总成本		
	本月	本年累计	上年实际平均	本年计划	本月实际	本年累计实际平均	按上年实际平均单位成本计	按本年计划平均单位成本计	本月实际	按上年实际平均单位成本计	按本年计划单位成本计	本年实际
可比产品合计												
A 产品/台												
B 产品/台												
不可比产品合计												
C 产品/台												
全部产品成本												

补充资料：1. 可比产品成本降低额
　　　　　2. 可比产品成本降低率

表 11 - 10   **主要产品单位成本表**

12 月

产品名称：A
产品规格：××   本月实际产量：
计量单位：件   本年累计实际产量：

成本项目	历史先进水平	上年实际平均	本年计划	本月实际	本年累计实际平均
单位产品生产成本					
其中：直接材料					
直接人工					
制造费用					

11

四、实训要求

1. 根据已知的全部产品成本资料，与主要产品单位成本资料编制全部产品生产成本表与主要产品单位成本报表；

2. 根据以上编制的全部产品生产成本报表与主要产品单位成本报表计算计划成本降低额、计划成本降低率、实际成本降低额、实际成本降低率；

3. 采用因素分析法分析产量因素、品种结构因素和单位成本因素对成本计划完成情况的影响。

11

项目十二　成　本　控　制

任务一　认知成本控制

一、成本控制的定义

成本控制就是指以成本作为控制的手段,通过制定成本总水平指标值、可比产品成本降低率以及成本中心控制成本的责任等,达到对经济活动实施有效控制的目的的一系列管理活动与过程。

二、成本控制的对象

成本控制的对象是成本发生的过程,包括:设计过程、采购过程、生产和服务提供过程、销售过程、物流过程、售后服务过程、管理过程、后勤保障过程等所发生的成本。

成本控制应是全面控制的概念,包括全员参与和全过程控制。

三、成本控制的内容

(一) 按照成本形成过程划分

(1) 产品投产前的控制(事前控制)。产品投产前的控制内容主要包括:产品设计成本、加工工艺成本、物资采购成本、生产组织方式、材料定额与劳动定额水平等。

(2) 制造过程中的控制(事中控制)。制造过程是成本实际形成的主要阶段。绝大部分的成本支出包括原材料、人工、能源动力、各种辅料的消耗、工序间物料运输费用、车间以及其他管理部门的费用支出。

(3) 流通过程中的控制(事后控制)。流通过程中的成本支出包括产品包装、厂外运输、广告促销、销售机构开支和售后服务等费用。

(二) 按成本构成划分

(1) 原材料成本控制。在制造业中原材料费用占了总成本的很大比重,是成本控制的主要对象。影响原材料成本的因素有采购、库存费用、生产消耗、回收利用等,所以原材料控制可从采购、库存管理和消耗三个环节着手。

(2) 薪酬费用控制。控制薪酬成本的关键在于提高劳动生产率,它与劳动定额、工时消耗、工时利用率、工作效率、工人出勤率等因素有关。

（3）制造费用控制。制造费用开支项目很多，主要包括折旧费、租赁费、辅助生产费用、车间管理人员薪酬等。

（4）企业管理费控制。企业管理费指为管理和组织生产所发生的各项费用，开支项目非常多，也是成本控制中不可忽视的内容。上述这些都是绝对量的控制，即在产量固定的假设条件下使各种成本开支得到控制。在现实系统中还要达到控制单位成品成本的目标。

四、成本控制的基础工作

（一）定额制定

定额管理是成本控制基础工作的核心，建立定额领料制度，控制材料成本、燃料动力成本，建立人工包干制度，控制工时成本，以及控制制造费用，都要依赖定额制度，没有很好的定额，就无法控制生产成本；同时，定额也是成本预测、决策、核算、分析、分配的主要依据，是成本控制工作的重中之重。

（二）标准化工作

标准化工作是现代企业管理的基本要求，它是企业正常运行的基本保证，它促使企业的生产经营活动和各项管理工作达到合理化、规范化、高效化，是成本控制成功的基本前提。在成本控制过程中，极为重要的四项标准化包括：计量标准化、价格标准化、质量标准化、数据标准化。

（三）制度建设

在市场经济中，企业运行的基本保证，一是制度，二是文化，制度建设是根本，文化建设是补充。没有制度建设，就不能固化成本控制运行，就不能保证成本控制质量。成本控制中最重要的制度是定额管理制度、预算管理制度、费用申报制度等。

任务二　了解成本控制的方法

一、成本控制的一般方法

（一）成本控制方法概述

成本控制方法是指完成成本控制任务和达到成本控制目的的手段。对于成本控制方法，是多种多样的，不同的阶段，不同的问题，所采用的方法就不一样。

实行成本控制的步骤为：制定并下达成本标准，作为控制的依据；发动员工积极参与成本标准的实现；根据成本标准审核成本开支，防止损失浪费的发生；计算脱离成本标准的差异，分析其发生原因，确定责任归属；修改成本标准，改进成本控制方法，使成本进一步降低。

实行成本控制要求企业各级管理人员重视成本控制工作，保持成本标准的先进合理性，建立健全经济责任制，明确权责划分和奖惩办法，树立全面经济核算观点，正确处理产量、质量和成本的关系。

（二）成本控制方法

成本控制的主要方法有：① 绝对成本控制法；② 相对成本控制法；③ 全面成本控制法；④ 定额法；⑤ 本量利分析法；⑥ 成本企划法；⑦ 目标成本法。

二、生产成本的控制

（一）生产成本控制的主要方法

生产成本控制的主要方法，如图 12-1 所示。

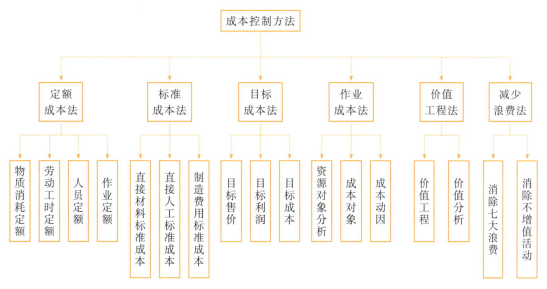

图 12-1　生产成本控制的主要方法

（二）在生产成本控制过程中应遵守两个基本原理

（1）控制成本发生的过程（过程控制方法 PDCA 循环）。

（2）持续地降低和保持，最终使成本降到尽可能低的水平。

（三）在生产成本控制过程中需要解决四个基本问题

（1）浪费源和提高成本因素是否得到识别和确定。

（2）如何消除或减少这些浪费源和提高成本因素。

（3）是否已经消除了这些浪费源和提高成本因素。

（4）已降低的成本水平是否得到持续控制和保持。

（四）四个核心控制方法

（1）成本管理的核心就是把成本降到尽可能低的水平并保持已降低的成本水平。

（2）降低和保持成本的核心就是控制提高成本因素。

（3）控制提高成本因素的核心就是全面、系统、充分和准确地识别和确定提高成本因素（包括：浪费和浪费源）。

（4）识别和确定提高成本因素的核心就是了解和掌握成本因素的发生过程和原因。

三、成本控制的程序

（一）加强成本的事前控制

（1）制定行之有效的成本控制标准。

（2）建立成本控制的归口、分级责任制度。

（3）制定切实可行的目标责任成本。

12

(二)强化成本的日常控制

(1)对材料的控制,应从两方面入手:一是材料消耗量的控制,二是材料价格的控制,上述以对材料消耗量的控制为主。

(2)对薪酬的控制,主要是从有效利用工时、提高劳动生产率和监督工资基金的合理使用等方面进行。

(3)对制造费用的控制,应从有效利用生产能力、提高工作效率和降低消耗水平等方面入手。

(三)发挥成本事后控制的作用

(1)形成一个正式的成本控制报告制度。

(2)开展成本差异调查,尽快采取措施纠正偏差。

(3)建立奖惩制度,把各责任中心工作与物资利益紧密结合。

习 题

任务一 认知成本控制

一、判断题

1. 成本控制主要指生产过程中的生产成本的控制。 ( )

2. 各个行业有不同的成本控制重点,在一个企业内部成本控制也应区分重点,不应平均使力。 ( )

3. 一个企业的可控成本与不可控成本是确定的,不会随着时间的变化而发生变化。 ( )

4. 作为计算直接人工标准成本的用量标准,必须是直接人工生产工时。 ( )

5. 一般情况下材料的价格差异,应由采购部门负责;材料的数量差异,应由负责控制用料的生产部门负责。 ( )

二、单项选择题

1. 广义的成本控制分为前馈性成本控制、防护性成本控制和反馈性成本控制所依据的分类标志是( )。

A. 成本控制的时间   B. 成本控制的原理

C. 成本控制的手段   D. 成本控制的对象

2. 在日常实施成本全面控制的同时,应有选择地分配人力、物力和财力,抓住那些重要的、不正常的、不符合常规的关键性成本差异作为控制重点,该项成本控制原则是指( )。

A. 全面控制原则   B. 责权利相结合原则

C. 讲求效益原则   D. 例外管理原则

3. 在下列各项中,属于标准成本控制系统前提和关键的是( )。

A. 标准成本的制定   B. 成本差异的计算

C. 成本差异的分析   D. 成本差异的账务处理

三、多项选择题

1. 下列各项中,应纳入成本全过程控制内容的有( )。

A. 产品设计阶段　　B. 试制阶段　　C. 生产阶段　　D. 销售阶段

E. 售后服务阶段

2. 要实现成本的全面控制原则,必须做到( )。

A. 全员控制　　B. 全过程控制　　C. 全方位控制　　D. 全社会控制

E. 全行业控制

3. 下列各项中,属于成本控制原则的有( )。

A. 全面控制原则　　　　　　　　B. 责权利相结合原则

C. 讲求效益原则　　　　　　　　D. 例外管理原则

E. 客观性原则

4. 在实务中,贯彻成本控制的例外管理原则时,确定"例外"的标准通常可考虑的标志有( )。

A. 重要性　　B. 一贯性　　C. 可控性　　D. 普遍性

E. 特殊性

四、思考题

1. 分别阐述事前控制、事中控制、事后控制的具体内容。

2. 从成本构成的角度来看,成本控制包括哪几个方面?

3. 做好成本控制要做好哪些基础工作?

任务二　了解成本控制的方法和程序

一、判断题

1. 标准成本法中标准成本可以采用企业制定的计划成本。　　　　　( )

2. 作业是作业成本计算法的核心。　　　　　　　　　　　　　　( )

3. 成本动因与作业之间是一对一的对应关系。　　　　　　　　　( )

4. 在适时生产制度下,由于自动化水平相对较高,直接人工成本很少,因此可将其与制造费用合并记入"加工成本"账户。　　　　　　　　　　( )

5. 目标成本法没有严格遵循一般公认的会计原则,该方法没有确认在产品成本。( )

二、单项选择题

1. 作业成本计算法计算间接费用分配率应考虑( )。

A. 生产工时　　B. 作业目的　　C. 总量标准　　D. 成本动因

2. 在成本差异分析中,变动制造费用耗费差异类似于( )。

A. 直接人工效率差异　　　　　　B. 直接材料用量差异

C. 直接材料价格差异　　　　　　D. 直接材料成本差异

3. 固定制造费用效率差异体现的是( )。

A. 实际工时与标准工时之间的差异　　B. 实际工时与预算工时之间的差异

C. 预算工时与标准工时之间的差异　　D. 实际分配率与标准分配率之间的差异

4. 在成本差异分析中,变动制造费用效率差异类似于(　　　)。

A. 直接人工效率差异　　　　　　　　B. 直接材料价格差异

C. 直接材料成本差异　　　　　　　　D. 直接人工工资率差异

5. 如果直接人工实际工资率超过了标准工资率,但实际耗用工时低于标准工时,则直接人工的效率差异和工资率差异的性质是(　　　)。

A. 效率差异为有利,工资率差异为不利

B. 效率差异为有利,工资率差异为有利

C. 效率差异为不利,工资率差异为不利

D. 效率差异为不利,工资率差异为有利

6. 作业管理的核心是(　　　)。

A. 作业成本计算　　　B. 作业分析　　　C. 作业重构　　　D. 作业考评

7. 作业成本计算法最重要的优点在于(　　　)。

A. 促进企业组织方式变革　　　　　　B. 作业的计量和分配较为客观

C. 促使管理人员加强成本控制　　　　D. 简化了成本计算程序

8. 下列对作业成本计算法不正确的表述是(　　　)。

A. 作业成本计算法的应用受到适用条件的限制

B. 作业的计量和分配带有一定的主观性

C. 成本动因有着严谨的判断方法

D. 作业成本计算法并没有解决与作业活动无关的间接费用分配问题

三、多项选择题

1. 在标准成本系统中,可将变动性制造费用成本差异分解为以下内容,包括(　　　)。

A. 耗费差异　　　B. 预算差异　　　C. 开支差异　　　D. 效率差异

E. 用量差异

2. 在制定标准成本时,可选择的标准成本包括(　　　)。

A. 理想标准成本　　　　　　　　　　B. 正常标准成本

C. 现实标准成本　　　　　　　　　　D. 平均标准成本

E. 期望可达到的标准成本

3. 成本动因可以是(　　　)。

A. 财务指标　　　　　　　　　　　　B. 非财务指标

C. 数量型的或非数量型的　　　　　　D. 内部的或外部的

4. 作业成本计算法与传统成本计算法的主要区别体现在(　　　)。

A. 成本计算基础不同　　　　　　　　B. 成本计算对象不同

C. 成本计算程序不同　　　　　　　　D. 费用分配标准不同

E. 提供的成本信息不同

5. 采用作业成本计算法应具备的条件有(　　　)。

A. 制造费用比重相当大

B. 产品种类很多

C. 作业环节较多

D. 生产运行数量相差很大且生产准备成本昂贵

四、业务题

1. 某企业生产一种产品,相关成本资料如表 12-1、表 12-2 所示。

表 12-1　　　　　　　　　　**直接材料相关资料表**　　　　　　　　金额单位:元

材料品名	标准成本			实际成本			差　异
	耗用量	单价	金额	耗用量	单价	金额	
甲	1 000	10	10 000	1 200	11	13 200	+3 200
乙	2 000	6	12 000	2 100	5	10 500	-1 500
合　计			22 000			23 700	+1 700

表 12-2　　　　　　　　　　**制造费用相关资料表**　　　　　　　　金额单位:元

项　　目	预算数 (工时:6 000)		实际产量标准数 (工时:5 000)	实际数 (工时:5 500)
	金额	分配率	金　额	金　额
变动性制造费用	2 400	0.4	0.4×5 000=2 000	2 090
固定性制造费用	4 800	0.8	0.8×5 000=4 000	4 675
制造费用合计	7 200	1.2	1.2×5 000=6 000	6 765

要求:
(1) 计算直接材料标准成本差异;
(2) 计算直接材料数量差异和价格差异;
(3) 计算变动制造费用标准成本差异;
(4) 计算变动制造费用的效率差异和耗费差异;
(5) 计算固定制造费用标准成本差异;
(6) 计算固定制造费用的预算差异和能量差异。

五、思考题

1. 在标准成本控制系统中,成本差异是在什么情况下发生的?
2. 成本控制具体的方法有哪些? 这些方法有什么特点? 适用于哪些不同的情况?

项　目　实　训

一、实训目的

通过实训,使学生熟悉使用成本控制的方法,掌握成本控制在企业实务中的灵活运用。

二、实训条件

1. 了解分析对象企业现状;

12

2. 掌握成本控制的基本方法；
3. 具备写作财务分析报告的能力。

三、实训材料

中盛公司原来是按实际成本核算企业产品成本。但由于企业内部物流、信息流传递不畅，企业生产消耗的原材料不能及时传递给财务部，财务部无法及时核算企业产品成本，产品成本每月波动较大，原材料购进后，原始单据又不能及时递交给财务部门，导致企业的库存材料和财务账核对不一致，财务人员们也不能正确核算企业产品成本，导致企业不知自己有多少原材料，什么时候需要购进原材料，导致需用的材料紧缺，采购成本增加，企业老总也不能根据市场需求确定自己产品的价格，贻误市场战机，企业经营状况不好，当然，也不可能准确地进行成本考核。

诊断分析：

1. 公司物流信息流传递不畅；
2. 成本核算方法不能适应市场经济的发展；
3. 没有一套系统的预算制度；
4. 生产车间未能按当月实际耗费即时上报财务部门。

四、实训要求

根据以上资料，先分析企业经营状况不佳的内因，再对企业进行组织流程再造。明确信息传递流程，建立标准成本核算方法，以生产结果为核算对象，按标准成本实施控制，并在事后进行差异分析，简化企业成本核算，为价格决策提供了成本标准。同时，企业对差异成本进行会计分析与技术分析，据此进行成本控制和成本考核，并对标准成本进行修订。在此分析基础上，写出解决方案。

主要参考文献

［1］ 财政部会计财务评价中心.财务管理［M］.北京：经济科学出版社，2023.

［2］ 丁增稳.成本会计实务［M］.北京：高等教育出版社，2020.

［3］ 于富生.成本会计学［M］.北京：中国人民大学出版社，2012.

［4］ 乐艳芬.成本会计［M］.上海：上海财经大学出版社，2012.

［5］ 蒋国发.成本会计［M］.北京：清华大学出版社，2013.

［6］ 万寿义，任月君.成本会计［M］.大连：东北财经大学出版社，2010.

［7］ 谢培苏.成本会计实务［M］.北京：高等教育出版社，2012.

高等教育出版社

感谢您使用本书。为方便教学，我社为教师提供资源下载、样书申请等服务，如贵校已选用本书，您只要关注微信公众号"高职财经教学研究"，或加入下列教师交流QQ群即可免费获得相关服务。

"高职财经教学研究"公众号

资源下载：点击"**教学服务**"—"**资源下载**"，或直接在浏览器中输入网址（http://101.35.126.6/），注册登录后可搜索相应的资源并下载。（建议用电脑浏览器操作）

样书申请：点击"**教学服务**"—"**样书申请**"，填写相关信息即可申请样书。

试卷下载：点击"**教学服务**"—"**试卷下载**"，填写相关信息即可下载试卷。

样章下载：点击"**教材样章**"，即可下载在供教材的前言、目录和样章。

师资培训：点击"**师资培训**"，获取最新会议信息、直播回放和往期师资培训视频。

联系方式

会计QQ3群：473802328　　会计QQ2群：370279388　　会计QQ1群：554729666

（以上3个会计QQ群，加入任何一个即可获取教学服务，请勿重复加入）

联系电话：（021）56961310　　电子邮箱：3076198581@qq.com

在线试题库及组卷系统

我们研发有10余门课程试题库："基础会计""财务会计""成本计算与管理""财务管理""管理会计""税务会计""税法""审计基础与实务"等，平均每个题库近3000题，知识点全覆盖，题型丰富，可自动组卷与批改。如贵校选用了高教社沪版相关课程教材，我们可免费提供给教师每个题库生成的各6套试卷及答案（Word格式难中易三档，索取方式见上述"试卷下载"），教师也可与我们联系咨询更多试题库详情。